JN049035

自分で会社を清算しました

株式会社／有限会社の解散・清算に関する
手続きおよび書類の記載例

Tomita Makoto

幻冬舎MC

自分で会社を
清算しました

株式会社／有限会社の
解散・清算に関する
手続きおよび書類の記載例

まえがき

　本書は、小生が自分の会社（有限会社）を清算した際に実施した作業項目を時系列に従って並べたものであるが、株式会社と有限会社で手続きに差異がある部分については、株式会社の場合の事項を書き足した。

　また、次のようなケースに関する事項を書き足した。

（ア）　小生の会社が実施したのとは異なる選択肢（以下は例示）

- ○　期末決算日以外の日に解散する場合
- ○　解散前8ヵ月間で受給者1人に150万円を超える賞与を支給する場合
- ○　株主総会で清算人選任の決議をしない場合
- ○　清算人を2人以上置く場合
- ○　会社を代表しない清算人を置く場合

（イ）　小生の会社とは異なる前提事情（以下は例示）

- ○　新たな出資をすることなく剰余金からの振り替えによって資本金の額を増加させたことが会社の過去にある場合
- ○　給料の全部または一部が翌月支給である場合
- ○　69才の給与受給者がいて、解散までに70才になる場合
- ○　住民税の特別徴収の対象者でない有給の取締役がいる場合で、解散日が1月1日〜4月1日であるとき
- ○　住民税の特別徴収の対象者である取締役がいる場合で、解

散月が５月以外であるとき

○　源泉徴収した所得税または特別徴収した住民税の未納付額が解散時にある場合で、その納付期限が２ヵ月以内に到来するとき

（ウ）　小生の会社で発生しなかった事象（以下は例示）

○　債権者の転居先が不明であるために、債務の弁済をすることができない場合

○　債権申出期間の満了後に債権の申し出があった場合

　本書の目標は、ひとりまたは家族や親族だけで営んでいる小規模な株式会社または有限会社であって、特別な事情のない普通の会社が普通に解散して普通に清算する際の、最低限必要な作業項目を時系列に従って網羅的に記述することである。

　以下のようなケースに関する事項は、本書では取り扱いの対象外としている。

△　負債の額が資産の額を上回っている場合

△　純資産の額が解散および清算に要する費用の額を下回っている場合

△　解散する時点で現金預金還付税金以外の資産がある場合

△　給料公租公課以外の債務で、債権者の住所の判明している債務が解散する時点で残っている場合

△　労働保険（雇用保険および労災保険）に加入している場合

△　全国健康保険協会が管掌する健康保険以外の健康保険に加入している場合

△　退職金の支給をする場合

△　指名委員会等設置会社である場合

△　監査等委員会設置会社である場合

△　監査役会設置会社である場合

△　種類株式を発行している場合

△　会社が自己株式を保有している場合

△　株主の全部または一部が法人である場合

△　株主の中に、国外に居住している人がいる場合

△　支店登記をしている場合

△　会社の存続期間の定めが定款にあり、その期間の満了によって解散する場合

△　会社の解散事由の定めが定款にあり、その事由の発生によって解散する場合

△　裁判所が清算人を選任する場合

△　清算中に清算人を変更する場合

△　解散してから残余財産が確定しないまま1年を経過した場合

△　清算会社を会社継続して営業再開する場合

△　清算会社を他の会社に合併する場合

ただし、取り扱いの対象としている事項の説明のために、対象外事項

に触れている箇所はある（退職月の翌月分以降の住民税月割額を一括徴収する場合で退職手当から徴収するべきとき。債権申出期間中の債権申出によって弁済困難が判明したとき。など）。

2022年12月

著者記す

本書の構成

第１章　解散の準備

第２章　解散決議 〜 財産目録等承認

第３章　残高証明の取得 〜 解散の届け出

第４章　解散日までの会計の税務申告

第５章　債務の弁済、資産の換価、残余財産の確定

第６章　残余財産確定日までの会計の税務処理

第７章　残余財産の分配 〜 清算結了登記

第８章　清算結了登記の後

［付録１］　終了、完了、満了の年月日

［付録２］　解散および清算に要した費用

［索引］　書類の記載例または様式概略の一覧

目　　次

第１章　解散の準備

§１　解散や清算に関する書籍を購入　　p.23

【１】　同種のものを複数購入した理由

【２】　１回目に購入した書籍の一覧

【３】　２回目に購入した書籍の一覧

§２　会社の自動車を処分　　p.26

【１】　取締役への現物賞与支給を株主総会で決議

【２】　株主総会の決議の必要性について

【３】　支給時期の制約

【４】　名義変更の手続き

【５】　特別利益を計上

【６】　賞与支払届を年金機構へ提出

【７】　現物賞与に対する社会保険料の被用者負担分を取り立て

【８】　会社が納付する社会保険料について

【９】　給与所得の所得税徴収高計算書について

§３　固定資産税を年１回の納付に変更　　p.44

§４　会社の不動産を処分　　p.44

§5 事業を終了　　p.45

§6 役員賞与を支給　　　p.45
【1】 支給の理由
【2】 支給額の上限および支給時期の制約
【3】 株主総会で支給を決議
【4】 社会保険料を控除
【5】 社会保険料の賦課対象となる賞与の額の上限
【6】 賞与支払届を年金機構へ提出
【7】 会社が納付する社会保険料について

§7 消費税の課税事業者の選択不適用を税務署へ届け出　　p.52
【1】 消費税課税事業者選択不適用届出書を税務署へ提出
【2】 消費税の事業廃止届出書について
【3】 課税事業者の廃止等の届け出をしない方法

§8 解散の予定日を決定　　p.57

§9 官報公告を申込み　　p.59
【1】 公告をする義務
【2】 公告文を投稿
【3】 公告を遅らせるべき場合

§10　清算手続きで使用する消耗品を購入　　p.62

§11　個人の印鑑証明を取得　　p.63

§12　解散登記用の収入印紙を購入　　p.63

§13　清算人の報酬を株主総会で決議　　p.63

§14　取締役に最後の給与を支給　　p.66
　【1】　社会保険料の控除について
　　【1.1】　退職と社会保険料の関係
　　【1.2】　解散日が月末で最後の給与が当月支給である場合
　　【1.3】　解散日が月末で最後の給与が翌月支給である場合
　　【1.4】　解散日が月末でない場合
　　　［コラム］　就職した月の途中で退職した場合の社会保険料
　　　［コラム］　年令による資格の取得日および喪失日
　　【1.5】　保険料控除の根拠法条
　【2】　給与所得の所得税徴収高計算書について
　【3】　住民税の特別徴収について
　　【3.1】　特別徴収の対象者であるとき
　　【3.2】　特別徴収の対象者でないとき
　　【3.3】　監査役がいる場合
　　【3.4】　納付時期の制約

第2章　解散決議 〜 財産目録等承認

§15　解散を株主総会で決議　　p.77

【1】　株主総会の特別決議について

【2】　解散の事前決議について

　［コラム］　存続期間の定めの登録免許税

【3】　清算人選任の決議の省略について

【4】　株主総会の議事録について

【5】　清算人を2人以上選任する場合

【6】　監査役がいる場合

§16　解散登記を申請　　p.84

【1】　解散登記の申請期限

【2】　解散登記の申請書類

【3】　登記申請書の宛名の登記所名について

【4】　登記の事由について

【5】　登記の事由に清算人の選任または就任の年月日を記載する理由

　【5.1】　年月日を記載する理由

　【5.2】　就任年月日を記載する場合

　【5.3】　選任年月日を記載する場合

【6】　登記すべき事項について

【7】　登記申請書の添付書類について

【8】　株主リストについて

【9】　印鑑届書について

【10】　登記申請書の提出および受付

【11】　商号のフリガナの登録について

§17　被保険者資格喪失届を年金機構へ提出　　p.108

【1】　被保険者資格の喪失

【2】　資格喪失届の提出義務

【3】　不該当届の提出義務

【4】　資格喪失届および不該当届の様式について

§18　解散のお知らせを過去の取引先へ送付　　p.113

【1】　関係者に解散を知らせる義務

　　［コラム］　催告日から債権申出期間最終日までの長さ

【2】　催告として送付したもの

【3】　催告の送付先選定基準の問題

【4】　催告の目的および送付先選定の目標

【5】　催告の送付先を知れている債権を有する者に限定することの可否

【6】　具体的な送付先の選定方法

【7】　参考文献について

§19　退職年月日の証明書を退職者に発行　　p.124

§20　国民健康保険の加入手続き　　p.127

§21　解散日までの決算資料を作成　　p.128

【1】　会計計算期間について

【2】　計算書類の作成について

§22　解散日の財産目録等を作成　　p.130

【1】　財産目録および貸借対照表の作成義務

【2】　作成した財産目録および貸借対照表

【3】　税務申告用と清算事務用のちがい

　【3.1】　含み損益

　【3.2】　将来の費用

【4】　清算人会設置会社である場合

【5】　監査役がいる場合

§23　財産目録等を株主総会で承認　　p.137

【1】　財産目録等について株主総会の承認を受けるべき義務

【2】　清算人が招集するべき株主総会の種類

【3】　文献による見解の相異

第3章　残高証明の取得 ～ 解散の届け出

　§24　預金残高の証明書を取得　　p.147

　§25　解散登記後の登記事項証明書を取得　　p.147

§26　適用事業所全喪届を年金機構へ提出　　p.148

【１】　全喪届の提出義務

【２】　全喪届の提出時期および添付書類について

　　［コラム］　全喪届の提出時期に関する複数の見解

　　［コラム］　適用を延長した場合の添付書類

【３】　全喪届の様式について

§27　債務弁済許可申立書を裁判所へ提出　　p.153

【１】　申立ての目的

【２】　申立ての手数料

【３】　申立てをせずに済ます方法

【４】　申立書の作成

【５】　申立書および添付資料について

【６】　事前相談

【７】　清算人が２人以上いる場合

【８】　弁済許可決定

§28　税務署へ解散を届け出　　p.166

§29　県税事務所へ解散を届け出　　p.169

§30　市税事務所へ解散を届け出　　p.171

第4章　解散日までの会計の税務申告

§31　解散日までの
　　　国税の税務申告書を税務署へ提出　　p.175

【1】　申告用紙の入手

【2】　法人税の適用税率の判定

【3】　解散の注記

【4】　法人税の申告の種類について

§32　解散日までの
　　　県税の税務申告書を県税事務所へ提出　　p.178

【1】　申告用紙の入手

【2】　法人事業税の適用税率の判定

【3】　法人県民税の均等割の月割り

【4】　解散日の記載

【5】　申告の種類について

§33　解散日までの
　　　市税の税務申告書を市税事務所へ提出　　p.180

【1】　申告用紙の入手

【2】　法人市民税の均等割の月割り

【3】　解散日の記載

【4】　申告の種類について

第5章　債務の弁済、資産の換価、残余財産の確定

§34　債務の弁済　　p.183

【1】　解散公告前の弁済

【2】　債権申出期間中の弁済

【3】　債権申出期間中に債権の申し出があった場合

【4】　債権申出期間満了後の弁済

【5】　債権申出期間満了後に債権の申し出があった場合

【6】　債権者の住所が不明な場合

§35　資産の換価および残余財産の確定　　p.189

【1】　資産の換価

【2】　残余財産の確定

【3】　未換価の資産

第6章　残余財産確定日までの会計の税務処理

§36　残余財産確定日までの決算資料を作成　　p.193

§37　残余財産確定日までの
　　　法人県民税を県税事務所へ申告および納付　　p.194

【1】　申告書および納付書の用紙の入手

【2】　申告期限および納付期限

【3】　法人事業税の適用税率の判定

【4】 法人県民税の均等割の月割り

【5】 申告の種類について

§38　残余財産確定日までの
　　　法人市民税を市税事務所へ申告および納付　　p.197

【1】 申告書および納付書の用紙の入手

【2】 申告期限および納付期限

【3】 法人市民税の均等割の月割り

【4】 法人市民税の均等割の減免制度

【5】 申告書に記載する税額

【6】 申告の種類について

【7】 減免承認

§39　残余財産確定日までの
　　　法人税の申告書を税務署へ提出　　p.200

【1】 申告用紙の入手

【2】 最後の法人税の申告と清算結了の前後関係

【3】 法人税の適用税率の判定

【4】 残余財産確定日の翌日以降に発生する費用について

【5】 清算人の報酬に関する税金について

【6】 申告の種類について

【7】 最後の税務申告後に債権の申し出があった場合

第7章 残余財産の分配 〜 清算結了登記

§40 残余財産を株主へ分配 p.209

【1】 剰余金の分配にかかる源泉所得税

　【1.1】 剰余金分配時の源泉所得税

　【1.2】 源泉所得税がかかる剰余金とは

　【1.3】 剰余金の分配にかかる源泉所得税の税率

　【1.4】 剰余金の分配にかかる源泉所得税の納付書

　【1.5】 剰余金の分配にかかる源泉所得税の納付期限

【2】 所得税の確定申告による精算

　【2.1】 みなし配当所得

　【2.2】 みなし譲渡損益

　【2.3】 みなし配当所得とみなし譲渡損益の関係

　【2.4】 相続税と所得税の関係

【3】 住民税の申告義務

【4】 株主にかかる公租公課

§41 剰余金分配の支払調書を税務署へ提出 p.219

【1】 剰余金分配の支払調書の提出義務

【2】 支払調書の様式の入手

【3】 支払調書および合計表の様式について

【4】 支払通知書について

§42　残余財産の分配完了日までの決算報告を作成　　p.224

　【１】　清算事務が終了したことによる決算報告の作成義務

　【２】　清算事務が終了したとみなすべき要件

　【３】　決算報告における収入の計上基準

　【４】　決算報告における費用の計上基準

　【５】　収入と費用と残余財産の関係

　【６】　清算人会設置会社である場合

　【７】　監査役がいる場合

§43　清算事務の終了を株主総会で承認　　p.231

§44　清算結了登記を申請　　p.234

　【１】　清算結了登記の申請期限

　【２】　清算結了登記の申請書類

　【３】　登記申請書の宛名の登記所名について

　【４】　登記すべき事項について

　【５】　添付書類の一覧について

　【６】　株主リストについて

　【７】　申請書類の補正

第８章　清算結了登記の後

　§45　清算結了登記後の登記事項証明書を取得　　p.245

§46　県税事務所へ清算結了を届け出　　p.245

§47　市税事務所へ清算結了を届け出　　　p. 248

§48　税務署へ清算結了を届け出　　p.250

§49　清算人報酬を支払い　　p. 252
【1】　清算人への支払い
【2】　源泉所得税の納付

§50　預金口座を解約　　p.255

§51　給与支払報告書を
　　　市町村の特別徴収センターへ提出　　p.255
【1】　給与支払報告書の用紙の入手
【2】　個人別明細書の記載上の留意点

§52　給与所得等の法定調書および
　　　給与支払事務所等の廃止届出書を税務署へ提出　　p.257
【1】　給与所得等の法定調書の用紙の入手
【2】　提出した法定調書の種類
【3】　給与支払事務所等の廃止届出書の作成

§53　印鑑登録の廃止および印鑑カードの返納　　p.260

【1】　印鑑等の廃止届出の期限

【2】　印鑑・印鑑カード廃止届書の様式の入手

【3】　印鑑・印鑑カード廃止届書の記載

【4】　印鑑および印鑑カード廃止の処理

§54　帳簿資料の保存　　p.262

［付録1］　終了、完了、満了の年月日　　p.264

［付録2］　解散および清算に要した費用　　p.266

［索　引］　書類の記載例または様式概略の一覧　　p.270

◇◇◇　第1章　◇◇◇

＜ 解散の準備 ＞

◇◇◇　◇◇◇　◇◇◇　◇◇◇　◇◇◇

解散日の前日までに実施した作業項目を、第1章としてまとめた。

§1　解散や清算に関する書籍を購入

　平成31〈2019〉年4月、会社の解散および清算の手続きについて解説した書籍を書店で3冊購入した。

　令和3〈2021〉年4月22日、追加で5冊購入した。

【1】　同種のものを複数購入した理由

　同じような事項についての書籍を複数冊購入したのは以下の理由による。

（ア）　小生の会社の解散および清算に必要なある情報がひとつの文献に掲載されていなくても、別の文献に掲載されているかもしれない。

（イ）　ある事項についてのひとつの文献の記述がわかりにくかったりふたとおりに解釈できたりするときに、別の文献も読むことで解決するかもしれない。

（ウ）　専門家といえども法律の解釈を誤ることはあり得る。また、実務
　　　経験の長い専門家が執筆した文献は、現在有効でない古い知識に基
　　　づいて執筆されていることもあり得る。ひとつの文献のみに依拠し
　　　ているとそういった誤りをその分野の専門家でない者が見つけるの
　　　は難しいが、複数の文献を読み比べれば専門家でなくても誤りに気
　　　づくことができるかもしれない。

【２】　１回目に購入した書籍の一覧

　　１回目に購入した書籍は、次の３冊である（発行日の順）。

［文献１］　植木康彦

　　　　　『会社解散・清算手続と法人税申告実務』

　　　　　（2015年12月10日第２版、商事法務）

［文献２］　右山昌一郎・川端重夫・白土英成・星野文仁・宮森俊樹・折
　　　　　原昭寿

　　　　　『Ｑ＆Ａ会社解散・清算の実務　－税務・会計・法務・労務
　　　　　－』

　　　　　（平成29〈2017〉年４月30日初版第４刷｛平成27〈2015〉年
　　　　　２月20日初版第１刷｝、税務経理協会）

［文献３］　税理士法人　山田＆パートナーズ

　　　　　『解散・清算、事業譲渡、Ｍ＆Ａの税務Ｑ＆Ａ　～顧問先に
　　　　　とってよりよい選択は～』

（2019年4月25日、第一法規）

　［文献1］、［文献2］、および［文献3］は、いずれも、会社の清算手続き全般について書かれている。［文献3］はその書名からすると税務のことしか書いてないような印象を受けるが、税務以外の手続きについてもかなり書かれている。

【3】　2回目に購入した書籍の一覧

　2回目に購入した書籍は、次の5冊である（発行日の順）。

［文献4］　竹田哲男

　　　　　『自分の会社を廃業する手続のすべて』

　　　　　（2015年11月5日、ぱる出版）

［文献5］　上田純子・松嶋隆弘

　　　　　『会社非訟事件の実務』

　　　　　（平成29〈2017〉年4月15日、三協法規出版）

［文献6］　太田栄一

　　　　　『初心者のための源泉所得税講座』

　　　　　（平成29〈2017〉年6月16日、大蔵財務協会）

［文献7］　池田浩一郎・田伏岳人・西谷昌樹・深山徹・本井克樹

　　　　　『会社非訟申立ての実務＋申立書式集』

（平成30〈2018〉年４月27日改訂版、日本加除出版）

［文献８］　ひかりアドバイザーグループ

　　　　　　『最新！会社清算の実務70問70答』

　　　　　　（2020年10月15日五訂版、清文社）

　［文献４］および［文献８］は、会社の清算手続き全般について書かれている。

　［文献５］および［文献７］は、裁判所へ債務弁済許可を申し立てるために購入した。

　［文献６］は、残余財産分配の際のみなし配当に対する所得税の源泉徴収について調べるために購入した。

§２　会社の自動車を処分

　令和２〈2020〉年10月９日、会社名義の自動車を、役員に現物賞与として支給することにより、処分した。

【１】　取締役への現物賞与支給を株主総会で決議
　会社名義の自動車があっては会社の清算に支障があるので、会社の所有する自動車を役員に譲渡することにした。

役員に自動車を譲渡するため、令和 2 年 7 月24日に株主総会で現物賞与支給の決議を行なった。その議事録を次頁〜次々頁に掲げる。

第 1 章

解散の準備

第 2 章

解散決議〜 財産目録等承認

第 3 章

残高証明の取得 〜 解散の届け出

第 4 章

解散日までの会計の税務申告

定時株主総会議事録

一　株主総会が開催された日時および場所
　　　　日時　令和２年７月24日　午前９時～午前10時
　　　　場所　△△△市△△区△△〇丁目〇〇番〇〇号　△△△
二　株主総会の議事の経過の要領およびその結果
　　１　出席株主の確認　　　　つぎのとおり、株主の出席を確認した。

当会社の株主の総数および発行済株式の総数	〇名	３０００株
議決権を行使することができる株主の総数およびその議決権の総数	〇名	３０００個
出席した株主の数およびその議決権の数	〇名	３０００個

　　２　報告事項
　　　　・第〇〇期（2019.6.1～2020.5.31）の事業報告
　　　　　取締役△△△△△から、第〇〇期事業報告の内容を報告した。
　　３　決議事項
　　（１）　第１号議案　計算書類の承認の件
　　　　　　取締役△△△△△から、第〇〇期に関する以下の計算書類の内容を説明した。
　　　　　　　・損益計算書、株主資本等変動計算書、貸借対照表、個別注記表
　　　　　　出席株主に承認を求めたところ、出席株主全員の賛成があり、本議案は承認された。
　　（２）　第２号議案　取締役賞与支給の件
　　　　　　取締役△△△△△から、以下の内容で取締役に賞与を支給したい旨の提案をした。
　　　　［１］取締役賞与の種類、内容及び帳簿価額の総額

賞与の種類	賞与の内容	支給物の帳簿価額
金銭以外（現物）	自動車１台 （平成〇年に会社が購入したもの。 　登録番号　△△△〇〇　△　〇〇〇〇。 　車台番号　△△〇〇〇－〇〇〇〇〇〇。）	３６８円

　　　　［２］取締役に対する賞与の割当てに関する事項
　　　　　　　当会社の取締役は△△△△△１名のみであり、全部を同人に割り当てる。

　　　　［３］取締役賞与の支給日
　　　　　　　令和２年１０月９日
　　　　　出席株主に承認を求めたところ、出席株主全員の賛成があり、本議案
　　　は承認された。
　　４　議事の終了
　　　　　本日の株主総会の目的である事項の全部についてその議事が終了した
　　　ことを確認し、閉会した。
三　株主総会の議長、出席取締役、議事録作成者

株主総会の議長	出席した取締役	議事録の作成に係る職務を行った取締役
△△△△△	△△△△△	△△△△△

以上の事項を明らかにするため、この議事録を作成し、出席取締役は以下に記名
押印する。
　　　　令和２年７月２４日　△△△△有限会社　定時株主総会
　　　　　　　　　　　　　　　　　取締役　△△△△△

【2】 株主総会の決議の必要性について

　役員に賞与を支給するには、原則として、株主総会の決議が必要である（取締役について、会社法 第361条。監査役について、会社法 第387条第1項）。

　平成18年5月1日に会社法が施行される前まで、役員への賞与は原則として定時株主総会で決議しなければならなかった（株式会社について、旧商法 第281条第1項第4号、第283条第1項。有限会社について、旧有限会社法 第43条第1項第4号、第46条、旧商法 第283条第1項）。

　それが会社法の施行により、臨時株主総会で決議してもよいことになった。

　今回は、たまたま定時株主総会を開催する時期であったので、そこで決議した。

　会社法の現物賞与に関する規定（会社法 第361条第1項第3号）では求められていないが、現物配当に関する規定（会社法 第454条第1項第1号）に準じて、支給物の帳簿価額を決議事項の中に記載した。これは、特別利益（または特別損失）の計上（【5】で述べる）を忘れないようにするためである。

【３】 支給時期の制約

賞与の支給をする場合、その受給者への前回の賞与支給から３ヵ月を超える期間が経過している必要がある（§６〈役員賞与を支給〉【２】〈支給額の上限および支給時期の制約〉で詳述する）。今回、この要件は満たしている。10月に現物賞与の支給をするので、９月、８月、および７月の３ヵ月間に賞与の支給をしていなければいい。

【４】 名義変更の手続き

自動車の所有者名義変更の手続きは、株主総会議事録のコピーやその他の書類を渡して自動車販売店に依頼した。手数料は会社が負担した。

どんな書類を用意するべきかは、運輸局のウェブサイトで調べた。

会社から役員への所有者名義変更にあたって株主総会議事録のコピーが必要であることを、ウェブサイトに書いてある運輸局と書いてない運輸局があった。でも、たぶん、どの運輸局でも求められると思う。

以前、小生は、自動車の使用者名義変更の手続きを自分でやったことがある。しかし今回は、労力を考え、正当な対価を払って専門家に手続きを依頼したほうがよいと判断した。

所有者名義変更の手続きと車検の手続きを同じ日にやってもらおうとしたが、それは制度的にできないとのことだったので、別々の日に依頼

した。

　現物賞与の支給日に先立って、９月14日、事前点検のため以下の書
類を自動車販売店へ送付した。印鑑証明書が入っているので、特定記録
郵便にした。

　　　○　自動車検査証のコピー

　　　○　譲渡証明書

　　　○　株主総会議事録のコピー

　　　○　委任状

　　　○　会社の印鑑証明書

　　　○　個人の印鑑登録証明書

　譲渡証明書および委任状は、運輸局のウェブサイトから様式をダウン
ロードして作成した。

　作成した譲渡証明書の記載内容を次頁に、委任状の記載内容を次々頁
に掲げる。

自動車の譲渡証明書（記載した内容）

譲 渡 証 明 書

次の自動車を譲渡したことを証明する。

車名	型式	車台番号	原動機の型式
△△△	△-△△○○○	△△○○○-○○○○○○	○△

譲渡年月日	譲渡人及び譲受人の氏名又は名称及び住所	譲渡人印
	△△△市△△区△△○-○○-○○ △△△△有限会社 取締役　△△△△△	代表取締役印
令和2年 10月9日	△△△市△△区△△○-○○-○○ 　△△△△△	
備考		

自動車の移転登録申請の委任状（記載した内容）

委 任 状

　　　　　住　所　_____

受任者

　　　　　氏　名　_____

上記の者を代理人と定め、下記自動車の　__移転登録__　申請に関する権限を委任します。

自動車登録番号 又は車台番号	△△△○○△○○○○

令和　2年10月　9日

委任者

氏名又は名称　△△△△△　　　印
　　　　　　　△△△市△△区
住　　　所　　△△○-○○-○○

委任者

　　　　　　　　　△△△△有限会社
氏名又は名称　取締役　△△△△△　　　印
　　　　　　　△△△市△△区
住　　　所　　△△○-○○-○○

委任者

氏名又は名称　_____

住　　　所　_____

10月9日に公共交通機関で自動車販売店へ行き、自動車検査証の原本と手数料を渡して手続きを依頼した。

車検の場合は仮の証明書を自動車販売店が発行してくれるので運輸局の手続きが終わるまでも自動車の運行ができる。しかし、名義変更の場合はそういう制度がないので、運輸局の手続きが終わって新しい自動車検査証が届くまで自動車の運行はできない。

10月11日、新しい自動車検査証のコピーを同封し、自動車の所有者名義および使用者名義を変更した旨の連絡を、任意保険の保険代理店へ郵便で発送した。

任意保険の保険契約者を会社から個人に変更する手続きは、約1年前の2019年10月3日に済ませておいた。

【5】 特別利益を計上

自動車販売店が自動車の所有者名義変更の手続きをする際に、自動車税環境性能割（かつての自動車取得税に代わるもの）の申告をするはずなので、その申告書に記載する自動車の時価を訊ねたところ、千円とのことであった。

時価が簿価より高いので、差額を会社の特別利益として計上した。

【6】 賞与支払届を年金機構へ提出

　現物賞与の支給額を時価で記載して、被保険者賞与支払届およびその総括表を年金機構へ提出した（10月10日発送）。

　小生の会社は健康保険および厚生年金保険の適用事業所である。労働保険（雇用保険および労災保険）には加入していない。

　健康保険および厚生年金保険の適用事業所が被保険者等（健康保険または厚生年金保険の被保険者および厚生年金保険の70才以上該当者）である被用者に賞与を支給した場合（健康保険法 第3条第6項、第48条、厚生年金保険法第3条第1項第4号、第27条）、支払った日から5日以内に賞与支払届を年金機構へ提出するべきこととされている（健康保険法施行規則 第27条、厚生年金保険法施行規則 第19条の5）。

　賞与の受給者が前月以前から被保険者であって（健康保険法 第156条第3項）その月の月末を待たずに退職する予定であるときなど、その賞与が社会保険料の賦課対象とならないことが明らかである場合であっても、被保険者である期間中に支給した賞与については賞与支払届を提出しなければならない（賦課対象とならない賞与であっても、健康保険法 第45条第1項の規定による標準賞与額の累計には算入される。日本年金機構のウェブサイトの「従業員に賞与を支給したときの手続き」というページの「4．留意事項」の（7）に説明がある）。

年金機構へ提出した賞与支払届の記載内容を次頁に、賞与支払届総括表の記載内容を次々頁に掲げる。

第1章

解散の準備

第2章

解散決議 ～ 財産目録等承認

第3章

残高証明の取得 ～ 解散の届け出

第4章

解散日までの会計の税務申告

令和2年10月分／賞与支払届（記載した内容）

健康保険
厚生年金保険 **被保険者賞与支払届**

厚生年金保険　**70歳以上被用者賞与支払届**

令和　2　年　10　月　10　日提出

事業所整理記号	○○○○－△△△

事　業　所
所　在　地　〒○○○－○○○○
　　　　　　△△△市△△区△△○－○○－○○

事　業　所
名　　　称　△△△有限会社

事　業　主
氏　　　名　　△△△△△

電話番号　○○○－○○○－○○○○

① 被保険者整理番号	② 被保険者氏名	③ 生年月日	
④ 賞与支払年月日	⑤ 賞与支払額	⑥ 賞与額(千円未満は切捨て)	⑧ 備考

④ 賞与支払年月日 （共通）	令和　021009

	1	△△△△△	5－○○○○○○	
	通貨　　　　円	現物　1,000円	1,000円	

	通貨　　　　円	現物　　　　円	000円	

＜　以下省略　＞

38

令和２年１０月分／賞与支払届総括表（記載した内容）

健　康　保　険
厚生年金保険　**被保険者賞与支払届**

－総括表－

令和　２　年　１０　月　１０　日提出

事業所 整理記号	○○○○－△△△	事業所 番　号	○○○○

事業所 所在地	〒○○○－○○○○ △△△市△△区△△○－○○－○○
事業所 名　称	△△△有限会社
事業主 氏　名	△△△△△
電話番号	○○○－○○○－○○○○

賞与支払予定年月	
賞与支払年月	令和０２１０
支給の有無	⓪. 支給　１. 不支給

被保険者人数	１人	賞与支給人数	１人
賞与支給総額			１，０００円
賞与の名称		賞　与	

＜　以下省略　＞

39

【7】 現物賞与に対する社会保険料の被用者負担分を取り立て

社会保険の被保険者である被用者に現物賞与を支給したときは、金銭賞与を支給したときと同様、賞与に対する社会保険料が発生する（賞与が金銭であるか現物であるかとは関係ないが、支給月の月末日の前日までに退職した場合や支給月の月末日までに一定の年令になるなど、条件によっては全部または一部の社会保険料の発生しないことがある。詳細は§6【2】、§6【5】、および§14【1.4】で述べる）。

社会保険料のうち、健康保険料および厚生年金保険料については、それぞれその2分の1を被用者が負担する。

厚生年金保険に加入すると、厚生年金保険料のほか、「子ども・子育て拠出金」の拠出義務が発生する（子ども・子育て支援法 第69条第1項第1号）。しかし、「子ども・子育て拠出金」については、事業主（会社）が全額負担することになっているので、被用者の負担する額はない。

現物賞与から社会保険料の被用者負担分を差し引くことはできないので、10月15日支給の月給から差し引いた。しかし賞与に対する保険料（被用者負担分）を月給から差し引くことの適法性には疑義がある。現物賞与を支給する際に保険料相当額（源泉所得税がかかる場合は源泉所得税および社会保険料の合計額）の金銭賞与を同時に支給することにすればよかった。役員へ金銭賞与を同時に支給する場合は株主総会でその決議をしておく必要がある。

賞与に対する社会保険料の被用者負担分の計算方法については、§6〈役員賞与を支給〉【4】〈社会保険料を控除〉で述べる。

【8】 会社が納付する社会保険料について

会社が納付する社会保険料の額の算定で、1円未満の端数は切り捨てるのであるが、月給に対する保険料と賞与に対する保険料に計算上それぞれ1円未満の端数がある場合で、それらの端数を合算して1円以上になるときは、その1円を納付しなければならない。

小生は、10月分の「健康保険料」および「子ども・子育て拠出金」でこの端数切り上げが発生していることを、11月21日に届いた「保険料納入告知額・領収済額通知書」で知った。

対応として、各1円の福利厚生費を追加計上した。「厚生年金保険料」では端数切り上げが発生しなかった。

【9】 給与所得の所得税徴収高計算書について

金銭であっても現物であっても、賞与の支給をしたときは、翌年1月20日までに（支給日が1月～6月の場合は7月10日までに。納期の特例の承認を受けていない場合は支給日の翌月10日までに）税務署へ（納付額がある場合は納付書として金融機関または税務署の納付窓口へ）提出する「給与所得・退職所得等の所得税徴収高計算書」に賞与の支給額を記載しなければならない。

記載するべき賞与の支給額は現物の簿価でなく時価である。

徴収高計算書に記載した内容を次頁に掲げる。

令和２年後半分／給与所得の所得税徴収高計算書（納付書）（記載した内容）

国税 収納金 整理 資金 （納付書）	給与所得・退職所得等の所得税徴収高計算書		領収済通知書	

	令和 年度	税務署名	税務署番号	税務署使用欄	整理番号
	０２	△△△△△	○○○○○○	○○○	○○○○○

区 分	支 払 年 月 日	人 員	支 給 額	税 額	
俸給・給料等 (01)	令和 年 月 日 ～ 月 日 02 07 15 ～ 12 15	人 6	円 ○○○○○○	円 0	納期等の区分 令和 年月 自02 07 至02 12 支払分源泉所得税及び復興特別所得税
賞与（役員賞与を除く） (02)					
日雇い労務者の賃金 (06)					
退職手当等 (07)					
税理士等の報酬 (08)					
役員賞与 (03)	02 10 09	1	1000	0	
同上の支払確定年月日	02 07 24	年末調整による不足税額			

国庫金	徴収義務者	住所 （所在地） △△△△△ △△△ △△△△△△ 0-00-00 （電話番号 ○○○-○○○-○○○○）	年末調整による超過税額	
		氏名 （名称） △△△△△△△△△ ユウゲンガイシャ 様（御中）	本 税	0
			延 滞 税	
	摘要		合 計 額	￥0

この徴収高計算書の様式は納期の特例の承認を受けた場合（６ヵ月毎の納付）のものであるが、納期の特例の承認を受けていない場合（１ヵ月毎の納付）のものであっても、役員賞与に関する記載のしかたは同様である。

　なお、「俸給・給料等」の人員が６人とは、毎月１人の６ヵ月で合計６人という意味である。

§３　固定資産税を年１回の納付に変更

　令和２年12月、「△△△市市税預金口座振替依頼書兼自動払込利用申込書」を取引先金融機関へ提出し、会社名義の不動産にかかる固定資産税がそれまで年４回の納付だったのを、翌年度から年１回の納付になるように変更した。

　年４回の納付でも会社の清算はできるが、年１回の納付にしたほうが早く事が片付く。

§４　会社の不動産を処分

　令和３〈2021〉年２月、会社名義の不動産を売却して処分した。

売却に際しては、契約不適合責任（民法 第562条。令和2年3月31日までの旧法の用語では瑕疵担保責任）の期間が解散後にまで及ぶことのないよう、売買契約書の条項に留意した。宅地建物取引業界の慣行では、契約不適合責任の期間は3ヵ月とすることが多いようである。

§5 事業を終了

令和3年2月末でもって会社の事業を終了した。

事業から生じた債権および債務は、弁済期が未到来の公租公課（消費税など）を除き、解散の前までに取り立ておよび弁済を済ませた。

§6 役員賞与を支給

令和3年3月24日、役員賞与を支給した。

【1】 支給の理由
役員の功績に報いる手段としては、退職金という方法も考えられるが、厚生年金保険の被保険者であるので、将来受け取る厚生年金の額を増やすことにしたほうが有利であると考え、賞与という形にした。

【2】 支給額の上限および支給時期の制約
将来受け取る厚生年金の額に寄与することのできる賞与の額は、各被

保険者について月間150万円までである（厚生年金保険法 第24条の4第1項、厚生年金保険法の標準報酬月額の等級区分の改定等に関する政令〈令和二年政令第二百四十六号〉第2条）。

支給時期の制約の1として、各被保険者について前回の賞与支給時期から3ヵ月を超える期間が経過していなければならない（厚生年金保険法 第3条第1項第4号）。今回は支給時期が3月であり、その前の2月、1月、および12月の3ヵ月間に賞与の支給をしていないので、この制約に抵触しない。

支給時期の制約の2として、厚生年金保険の被保険者資格は70才未満であるが、賞与の支給日に70才未満であっても、支給月の月末までに70才になる場合（支給月の翌月1日が70才の誕生日である場合を含む。参考判例：大阪高裁昭和54（行ケ）2）は、その賞与は保険料算定の基礎とされず（厚生年金保険法 第81条第2項、第19条第1項、第14条第5号）、将来受け取る厚生年金の額に寄与しない（厚生年金保険法 第43条）。

支給時期の制約の3として、月末でない日に退職した場合、退職月に支給された賞与については、保険料算定の基礎とされず（厚生年金保険法 第81条第2項、第19条第1項、第14条第2号）、将来受け取る厚生年金の額に寄与しない。ただし、月末でない日に退職した場合のうち、就職した月に退職した場合については、特別なルールがある（§14【1.4】〈解散日が月末でない場合〉で詳述する）。

厚生年金保険の被保険者である者が将来受け取ることのできる厚生年金の額に寄与することを目的として支給したい賞与の額が150万円を超える場合、支給したい額が300万円以下なら解散月の4ヵ月前から1月と5月の2回に分けて支給することが考えられる。300万円を超えて450万円以下なら解散月の8ヵ月前から9月、1月、および5月の3回に分けて支給することが考えられる。

　もし令和2年9月に金銭の役員賞与を実施した場合、令和2年10月に実施した自動車の現物賞与を令和2年9月に実施するべきことになる。賞与の支給には原則として3ヵ月を超える間隔が必要であるが、同一月内であれば3ヵ月を超える間隔がなくてもよいこととされているからである（厚生年金保険法 第24条の4第1項）。

【3】 株主総会で支給を決議

　役員に賞与を支給するには、自動車の現物賞与のところ（§2【2】）で述べたとおり、株主総会の決議が必要である。今回の役員賞与の支給を決議するための株主総会は、令和3年3月18日に開催した。

　その議事録を次頁～次々頁に掲げる。

第1章
解散の準備

第2章
解散決議～財産目録等承認

第3章
残高証明の取得～解散の届け出

第4章
解散日までの会計の税務申告

△△△△有限会社

臨時株主総会議事録

一　株主総会が開催された日時および場所
　　　　日時　令和３年３月１８日　午前１０時３０分～午前１１時２０分
　　　　場所　△△△市△△区△△○丁目○○番○号　△△△△△△△△
二　株主総会の議事の経過の要領およびその結果
　　１　出席株主の確認　　　　つぎのとおり、株主の出席を確認した。

当会社の株主の総数および発行済株式の総数	○名	３０００株
議決権を行使することができる株主の総数およびその議決権の総数	○名	３０００個
出席した株主の数およびその議決権の数	○名	３０００個

　　２　決議事項
　［１］　第１号議案　臨時決算の承認の件
　　　　　取締役△△△△△から、令和３年２月２８日を臨時決算日とする臨時
　　　計算書類（貸借対照表および損益計算書）について、内容の説明をした
　　　後、承認を求める提案をした。これは事業年度（令和２年６月１日～令
　　　和３年５月３１日）を区切るものではなく、事業年度全体の決算につい
　　　ては、事業年度終了後に定時株主総会で承認を求める予定である、との
　　　説明をした。
　　　　　本件について、出席株主に承認を求めたところ、出席株主全員の同意
　　　があり、本議案は承認された。
　［２］　第２号議案　取締役賞与支給の件
　　　　　取締役△△△△△から、以下の通り、取締役賞与の支給を実施したい
　　　ので承認をいただきたい旨の提案をした。
　　　（１）　取締役賞与の種類及び帳簿価額の総額
　　　　　　　金銭　　総額○○万円
　　　（２）　取締役に対する賞与の割当てに関する事項
　　　　　　　取締役　△△△△△に金○○万円
　　　（３）　取締役賞与の支給日
　　　　　　　令和３年３月３１日までの日で、取締役が定める日
　　　　　　本件について、出席株主に承認を求めたところ、出席株主全員の同意
　　　があり、本議案は承認された。

3　議事の終了

本日の株主総会の目的である事項の全部についてその議事が終了したことを確認し、閉会した。

三　株主総会の議長、出席取締役、議事録作成者

株主総会の議長	出席した取締役	議事録の作成に係る職務を行った取締役
△△△△△	△△△△△	△△△△△

以上の事項を明らかにするため、この議事録を作成し、出席取締役は以下に記名押印する。

令和3年3月18日　△△△△有限会社　臨時株主総会

取締役　△△△△△

この株主総会で臨時計算書類（会社法 第441条）の承認をしていることは、役員賞与を支給するための法律上の要件ではないが、最新の純資産の額を明確にしてから賞与の支給額を決定することとした。

【4】　社会保険料を控除

　賞与の支給にあたっては、社会保険料の被用者負担分を控除した。

　月給に対する社会保険料（被用者負担分）は翌月支給する給与から控除するのが原則であるが（健康保険法 第167条第1項、厚生年金保険法 第84条第1項）、賞与に対する社会保険料（被用者負担分）は当月支給する賞与から控除するのが原則である（健康保険法 第167条第2項、厚生年金保険法 第84条第2項）。

　控除する保険料の額は、賞与の千円未満の端数を切り捨てた金額（健康保険法 第45条第1項、厚生年金保険法 第24条の4第1項。次の【5】で上限について述べる）に健康保険および厚生年金保険の料率をそれぞれ乗じ、被用者負担分として2分の1を乗じ、49銭を加算し、1円未満の端数を切り捨てて求めた。

　賞与にかかる保険料の料率は、標準報酬月額にかかる料率と同じであるが、料率が改定された場合は、月給に対する社会保険料の控除額が変更になるのは原則として改定月の翌月支給する給与からであるのに対し、賞与に対する社会保険料の控除額が変更になるのは改定月に支給す

る賞与からである。

【5】 社会保険料の賦課対象となる賞与の額の上限

社会保険料の賦課対象となる賞与の額には上限がある。

健康保険の保険料の賦課対象となる賞与の額（月毎に千円未満の端数を切り捨てた額）は、年度（4月1日〜3月31日）毎に573万円が上限である（健康保険法 第45条第1項。年度内に複数の被保険者期間があって、合算して上限を超えるときは、被保険者の申し出により、事業主から年金機構へ「健康保険標準賞与額累計申出書」を提出しなければならない）。

厚生年金保険の保険料の賦課対象となる賞与の額の上限は、【2】で述べたとおりである。

「子ども・子育て拠出金」の賦課対象となる賞与の額の上限は、厚生年金保険と同じである（子ども・子育て支援法 第70条第1項）。

【6】 賞与支払届を年金機構へ提出

支給予定月以外の賞与であって、年金機構から被保険者賞与支払届およびその総括表の用紙が送られてこないので、年金機構のウェブサイトから様式を入手して印刷および記入し、年金機構へ郵送した（3月24日投函）。

提出義務および提出期限については§2〈会社の自動車を処分〉【6】と同様である。

令和3年3月分の被保険者賞与支払届およびその総括表は、令和2年10月分のもの（§2【6】に掲載）と同様の様式であり、記載事項についても賞与支払額を［現物］欄に代えて［通貨］欄に記載すること以外には大きなちがいがないので、記載例をここに掲載しない。

【7】 会社が納付する社会保険料について
　会社が納付する社会保険料に関して、令和2年10月分で発生したような端数の切り上げ（§2【8】）は、今回は発生しなかった。

§7　消費税の課税事業者の選択不適用
　　　　　　　　を税務署へ届け出

　令和3年3月30日、「消費税課税事業者選択不適用届出書」を税務署へ提出した。

【I】 消費税課税事業者選択不適用届出書を税務署へ提出
　小生の会社は、「消費税課税事業者選択届出書」を提出してあったので、その選択を終わらせるため、選択不適用届出書を提出した。

　この届出書を提出する場合は、免税事業者となる課税期間が開始する

前に提出しなければならない（消費税法 第9条第8項）。

　「消費税課税事業者選択届出書」を提出してある会社であっても、選択不適用届出書を提出することなく、「事業廃止届出書」を提出するという選択肢もある（【2】で述べる）。清算が結了するまで免税や廃業の届け出をしないという方法もある（【3】で述べる）。

　税務署へ提出した消費税課税事業者選択不適用届出書に記載した内容を次頁に掲げる。

消費税課税事業者選択不適用届出書（記載した内容）

消費税課税事業者選択不適用届出書

令和　年　月　日	届出者	（フリガナ）	△△△△△△△△△△△△△
		納　税　地	〒〇〇〇－〇〇〇〇 △△△市△△区△△△〇－〇〇－〇〇 （電話番号〇〇〇－〇〇〇－〇〇〇〇）
		（フリガナ）	△△△△△△△△ユウゲンガイシャ
		氏名又は名称及び代表者氏名	△△△△有限会社 取締役　△△△△△
税務署長殿		個人番号又は法人番号	〇〇〇〇〇〇2〇〇〇〇〇〇

　下記のとおり、課税事業者を選択することをやめたいので、消費税法第9条第5項の規定により届出します。

①	この届出の適用開始課税期間	自 ○平成 ●令和　3年　6月　1日	至 ○平成 ●令和　4年　5月31日
②	①の基準期間	自 ○平成 ●令和　1年　6月　1日	至 ○平成 ●令和　2年　5月31日
③	②の課税売上高		〇，〇〇〇，〇〇〇　円

※　この届出書を提出した場合であっても、特定期間（原則として、①の課税期間の前年の1月1日（法人の場合は前事業年度開始の日）から6か月間）の課税売上高が1千万円を超える場合には、①の課税期間の納税義務は免除されないこととなります。詳しくは、裏面をご覧ください。

課税事業者となった日	●平成 ○令和　29年　6月　1日
事業を廃止した場合の廃止した日	○平成 ●令和　3年　3月　1日

提出要件の確認	課税事業者となった日から2年を経過する日までの間に開始した各課税期間中に調整対象固定資産の課税仕入れ等を行っていない。	はい　☑
	※　この届出書を提出した課税期間が、課税事業者となった日から2年を経過する日までに開始した各課税期間である場合、この届出書提出後、届出を行った課税期間中に調整対象固定資産の課税仕入れ等を行うと、原則としてこの届出書の提出はなかったものとみなされます。詳しくは、裏面をご確認ください。	

<　以下省略　>

　消費税課税事業者選択不適用届出書の提出にあたり、すでに事業を廃止していたので、事業廃止年月日を「事業を廃止した場合の廃止した日」に記載した。

　もっとも、課税事業者を選択してから2年以内に免税事業者になろうとするときは「廃止した日」の記載が必要であるが、小生の会社の場合はすでに2年以上経過していたので、「廃止した日」の記載をしなくてもよかったと思う。

　廃止年月日は、事業終了の翌日を記載したが、事業終了の日を記載するべきだったかもしれない（次の【2】に掲げる事業廃止届出書の様式に附属している「事業廃止届出書の記載要領等」によれば、「課税事業者が事業を廃止した場合、その廃止の日の属する課税期間に係る消費税の申告が必要です」となっている）。

【2】 消費税の事業廃止届出書について

　消費税の課税事業者が廃業を届け出るための様式として、「事業廃止届出書」がある。

　事業廃止届出書の様式の概略を次頁に掲げる。

消費税の事業廃止届出書（様式の概略）

事 業 廃 止 届 出 書

令和　年　月　日	届出者	（フリガナ）	
		納　税　地	（〒　　－　　　　）
			（電話番号　　－　　－　　　　）
		（フリガナ）	
		氏名又は名称及び代表者氏名	
税務署長殿		個人番号又は法人番号	

　下記のとおり、事業を廃止したので、消費税法第５７条第１項第３号の規定により届出します。

| 事 業 廃 止 年 月 日 | 令和　　　　年　　　　月　　　　日 |
| 納 税 義 務 者 と な っ た 年 月 日 | 平成 令和　　　年　　　　月　　　　日 |

| 参 考 事 項 | |

＜　以下省略　＞

56

【3】 課税事業者の廃止等の届け出をしない方法

　消費税について、清算が結了するまで免税や廃業の届け出をしないという方法もある。消費税の課税事業者が、消費税課税事業者選択不適用届出書も事業廃止届出書も提出せず、他の書類（例えば、消費税簡易課税制度選択不適用届出書）による廃業の届け出もしないということである。

　その場合は、他の理由で免税事業者になるのでない限り、清算中も課税事業者であり続けることになる。そして、清算結了後に提出する「異動届出書」（§48に掲載）で届出対象の税目として［法人税］と［消費税］の両方にチェックを入れることにより、廃業したことになる。

§8　解散の予定日を決定

　小生の会社の期末決算日である５月31日に解散することにした。

　期末決算日以外の日に解散すると、そこで税務申告のための会計計算期間が区切られ（参考文献：［文献１］p.48、［文献２］p.182、［文献３］p.54、［文献４］p.52、［文献８］p.104。根拠法条：法人税法 第14条第１項第１号）、12ヵ月でない期間を会計計算期間として税務申告をしなければならない。その場合、以下のような作業が必要になる。

（ア）　解散日を末日とする会計計算期間のための申告用紙（事業年度の終了日の欄が未記入か解散年月日で記入されている申告用紙）が税務当局か

ら自動的に送付されない場合は、税務署、県税事務所、および市税事務所へもらいに行くか、国税庁、県税当局、および市税当局のウェブサイトから様式をダウンロードするなどして、申告用紙（法人税の申告用紙、課税事業者である場合は消費税の申告用紙、法人県民税・法人事業税の申告用紙、法人市民税の申告用紙）を入手しなければならない。納付するべき額があるものについては納付書の用紙も入手しなければならない。

（イ）　法人県市民税の均等割の額を月割りで計算しなければならない（道府県民税について、地方税法 第52条第3項。市町村民税について、地方税法 第312条第4項）。

（ウ）　解散日を末日とする会計計算期間の所得が黒字である場合、法人税および法人事業税の税率が段階的に上がる所得金額のしきい値を月割りで計算しなければならない（法人税法 第66条第4項、租税特別措置法 第42条の3の2第3項、地方税法 第72条の24の7第5項）。

　　月割り計算のしかたは、均等割の額を月割りする場合と所得金額のしきい値を月割りする場合で異なる。所得金額のしきい値を月割りする場合でも、法人税の場合と法人事業税の場合で異なる。詳細については、§31【2】〈法人税の適用税率の判定〉、§32【2】〈法人事業税の適用税率の判定〉、§32【3】〈法人県民税の均等割の月割り〉、および§33【2】〈法人市民税の均等割の月割り〉で述べる。

§9 官報公告を申込み

令和3年4月17日、会社解散の公告を6月1日発行の官報に掲載してもらえるよう、全国官報販売協同組合のウェブサイトから申し込んだ。

【1】 公告をする義務

解散した場合に官報に公告をすることは、法律で清算会社に課せられた義務である（参考文献：［文献1］p.8、［文献2］p.71～72、［文献3］p.23、［文献4］p.30～31、［文献8］p.31、p.33。根拠法条：会社法 第499条、会社法の施行に伴う関係法律の整備等に関する法律 第2条）。

これを怠った場合、清算人は百万円以下の過料に処せられることとなっている（会社法 第976条第2号）。

解散の公告には、2ヵ月以上の債権申出期間を定めて記載しなければならない（会社法 第499条第1項。さらに、その債権申出期間中に債権の申し出をするよう各債権者に郵便等で催告をしなければならないが、それについては§18【1】で述べる）。

この債権申出期間中に債務の弁済をする際は裁判所の許可が必要になる（会社法 第500条。§24で詳述する）。

【2】 公告文を投稿

　発行されてから30日以内の官報は、国立印刷局のウェブサイトで無料閲覧できる。それより古いものは有料になる。

　無料閲覧できる範囲で解散公告を閲覧したところ、解散公告にはいくつかのパターンがあることがわかった。解散決議の翌日に公告しているパターンのものを参考にし、全国官報販売協同組合のウェブサイトでそれに対応するヒナ型を利用して公告文を作成した。

　投稿した公告文を次頁に掲げる。

投稿した解散公告文

解散公告

　当社は、令和三年五月三十一日開催の株主総会の決議に
より解散いたしましたので、当社に債権を有する方は、本公告
掲載の翌日から二箇月以内にお申し出下さい。

　なお、右期間内にお申し出がないときは清算から除斥しま
す。

　　令和三年六月一日

　　　△△△市△△区△△○丁目○○番○○号

　　　　　　　　　　　　　　△△△△有限会社

　　　　　　　　　清算人　△△△△△

【3】 公告を遅らせるべき場合

　もし解散日までの就労に対する給料の支払いを解散日の翌日以降に予定している場合、解散公告の官報掲載日は、その給料の支払いを終える日の翌日以降にするべきである。給料の支払いも債務の弁済なので、解散公告を官報に出してしまうと、それ以降の2ヵ月間は、給料の支払いに裁判所の許可が必要となってしまう。

　公告の掲載日が解散日の翌々日以降である場合、解散後であっても、公告掲載日の前日までは、債務の弁済に裁判所の許可を要しない（参考文献：［文献10］《書名等は§18【7】に記載》p.414下から4行目～ p.415上から2行目）。

§10　清算手続きで使用する消耗品を購入

　令和3年4月12日から5月7日にかけて、解散および清算の手続きで使用するため、以下の消耗品を購入した。
- 　○　清算人のゴム印　『清算人　△△△△△』
- 　○　A4コピー用紙　1000枚
- 　○　印刷用のインク
- 　○　84円切手　20枚
- 　○　定形封筒（長形40号）　40枚

　定形封筒として長形40号のものを購入した理由は、A4紙の長辺を

4つ折りして封入できる大きさであり、裁判所へ提出する債務弁済許可申立書（§27【4】に掲載）に添付する債権者催告送付先一覧表を作成するにあたり、宛先記載済みの封筒のおもて面を3通ずつ並べてコピーすることで一覧表とするためである（債権者催告については§18で述べる）。

§11　個人の印鑑証明を取得

令和3年5月6日、清算人の印鑑届けに使うため、小生の住所地の市町村役場で個人の印鑑登録証明書を取得した。

§12　解散登記用の収入印紙を購入

令和3年5月11日、解散登記の登録免許税に充てるため、収入印紙3万9千円分を購入した。

§13　清算人の報酬を株主総会で決議

令和3年5月14日、清算人の報酬を決めるための株主総会を開催した。

その株主総会の議事録を次頁～次々頁に掲げる。

△△△△有限会社

臨時株主総会議事録

一　株主総会が開催された日時および場所
　　　　日時　令和3年5月14日　午前11時40分～午後0時20分
　　　　場所　当会社本店

二　株主総会の議事の経過の要領およびその結果
　　1　出席株主の確認　　　　つぎのとおり、株主の出席を確認した。

当会社の株主の総数および発行済株式の総数	○名	3000株
議決権を行使することができる株主の総数およびその議決権の総数	○名	3000個
出席した株主の数およびその議決権の数	○名	3000個

　　2　議長あいさつ
　　　　当会社は、今月31日に臨時株主総会を開催して解散する予定です。
　　　　その解散に先だって、清算人の報酬を決めておくことが、本日の株主総会の目的です。

　　3　決議事項
　　［1］　第1号議案　清算人の報酬に関する件
　　　　清算人の報酬について、議長から以下のように提案し、出席株主の全員から賛同を得た。
　　　　(1)　清算人に対して、月給など、定期的な報酬は支給しない。
　　　　(2)　清算結了登記が完了してから、清算人に金○○万円の報酬を支給する。
　　　　(3)　株主に分配するべき残余財産の額が確定した後において、会社に財産上の利益（例えば普通預金の利息）が発生し、または簿外資産が発見された場合であって、発生した利益の額、または発見された資産の額が金千円に満たないとき、その利益または資産は清算人の利得とする。

　　4　議事の終了
　　　　本日の株主総会の目的である事項の全部についてその議事が終了したことを確認し、閉会した。

三　株主総会の議長、出席取締役、議事録作成者

株主総会の議長	出席した取締役	議事録の作成に係る職務を行った取締役
△△△△△	△△△△△	△△△△△

以上の事項を明らかにするため、この議事録を作成し、出席取締役は以下に記名
押印する。
　　　令和３年５月１４日　△△△△有限会社　臨時株主総会
　　　　　　　　　　　　　　　　取締役　△△△△△

第１章

解散の準備

第２章

解散決議 ～ 財産目録等承認

第３章

残高証明の取得 ～ 解散の届け出

第４章

解散日までの会計の税務申告

清算人報酬の決議が閲覧されることを避けるため、解散の決議とは別の日に別途、株主総会を開催して清算人報酬の決議をした。（解散の決議をする株主総会の議事録は、登記申請書に添付するので、商業登記法｛第11条の2｝および商業登記規則｛第10条、第21条｝の規定により、閲覧請求者の閲覧に供されることがあり得る）

§14　取締役に最後の給与を支給

令和3年5月15日、取締役に最後の給与を支給した（小生の会社は毎月15日に当月分の給与を支給）。

その際、月給に対する社会保険料として、4月分に加えて5月分の保険料（被用者負担分）を控除した。

【1】　社会保険料の控除について
【1.1】　退職と社会保険料の関係
会社が解散すると社会保険（健康保険および厚生年金保険）の適用事業所でなくなるので、清算人など清算事務のために残る者がいたとしても、被保険者ではなくなり、社会保険料の関係では解散日に退職したことになる（§17【1】でも述べる）。

そのため、毎月の月給にかかる社会保険料（被用者負担分）の最終分をどう取り立てるかが問題となる。

【1.2】　解散日が月末で最後の給与が当月支給である場合

小生の会社はこれに該当する。この場合、解散月に支給する給与から前月分および当月分の標準報酬月額に対する社会保険料（被用者負担分）を控除する。

控除する金額は、前月分と当月分を合算する前に1円未満の端数を丸めるべきか、合算してから丸めるべきか、よくわからない。今回はどちらの方式でも同じ金額になった。

【1.3】　解散日が月末で最後の給与が翌月支給である場合

この場合、解散月の標準報酬月額に対する社会保険料（被用者負担分）は、解散月に支給する給与か翌月支給の給与のいずれから控除してもよい。翌月支給の給与が少額でそこからの控除ができないときは、全部または一部を解散月に支給する給与から控除しておくべきであろう。

【1.4】　解散日が月末でない場合

この場合、就職日と退職日（解散日）が同一月内でない限り、解散月は社会保険料が発生しないので（健康保険法 第156条第3項、厚生年金保険法 第19条、第81条第2項）、解散月に支給する給与から控除するべき社会保険料（被用者負担分）は、前月分の標準報酬月額に対する保険料のみである。

［コラム］　就職した月の途中で退職した場合の社会保険料

　退職日が月末でない場合で、就職日と退職日が同一月内であるとき、健康保険料（標準報酬月額に対する分および在職中に支給された賞与に対する分。健康保険法 第156条第1項、第45条第1項）は発生する。厚生年金保険料は発生するケースと発生しないケースがある。

　就職した月の途中で退職した場合、その月末までに国民年金または他の事業所での厚生年金に加入すれば、退職した事業所では厚生年金保険料が発生しない。加入しなかったときは、退職した事業所での厚生年金保険料が発生する（厚生年金保険法 第19条第2項、第5項、第81条第2項）。

　そのため、20才未満の人（月末までに20才になる人を除く）または60才以上の人（月末までに60才になる人を含む）が就職した月の途中で退職する場合は、退職する時点ではその事業所でその月の厚生年金保険料（標準報酬月額に対する分および在職中に支給された賞与に対する分。厚生年金保険法 第81条第3項、第24条の4第1項）が発生するか否かが決まっていないということがあり得る。翌月1日に20才以上60才未満である人の場合は、厚生年金の適用事業所に再就職しなくても退職月の月末までに国民年金に加入するので、こういう問題は起きない（加入の手続きが遅れていると保険料をいったん徴収されるが、あとで還付される）。

第1章

解散の準備

第2章

解散決議 〜 財産目録等承認

第3章

〜 残高証明の取得
解散の届け出

第4章

解散日までの会計の税務申告

[コラム] 年令による資格の取得日および喪失日

○ 国民年金の第1号被保険者

　・ 資格取得日　　20才の誕生日の前日

　・ 資格喪失日　　60才の誕生日の前日

○ 介護保険の第2号被保険者

　・ 資格取得日　　40才の誕生日の前日

　・ 資格喪失日　　65才の誕生日の前日

○ 介護保険の第1号被保険者

　・ 資格取得日　　65才の誕生日の前日

○ 厚生年金保険の被保険者

　・ 資格喪失日　　70才の誕生日の前日

○ 国民健康保険の被保険者

　・ 資格喪失日　　75才の誕生日

○ 後期高齢者医療保険の被保険者

　・ 資格取得日　　75才の誕生日

　資格取得日はその午前零時に資格を取得し、資格喪失日はその午前零時に資格を喪失する。

【1.5】 保険料控除の根拠法条

　小生の会社の場合、取締役の退職日が5月31日であるので、健康保険法 第36条第2号および厚生年金保険法 第14条第2号の規定により、6月1日に被保険者資格喪失となる。

　よって、保険料は、健康保険法 第156条第3項および厚生年金保険法 第19条第1項、第81条第2項の規定により、5月分までの納付義務となる。

　一方、報酬に対する社会保険料は、月給に対する保険料と賞与に対する保険料があり、月給に対する保険料は、原則として、月給を支払う際に、前月分を控除することとされている。

　しかし、退職する場合は、月給を支払う際に、前月分と合わせて当月分も控除してよいこととされている（健康保険法 第167条第1項、厚生年金保険法 第84条第1項）。支給日が退職日の前日以前である月給にもこの規定が適用されるかについては若干の疑義があるが、現実問題として、退職後に支給する給与がないとき（またはあっても保険料の額より少ないとき）、退職後に保険料を取り立てることは効率的でない。

【2】 給与所得の所得税徴収高計算書について

　小生の会社は、給与所得等の源泉所得税について納期の特例の承認を受けている。そのため、1月～6月に支給した給与等については7月

10日までに所得税徴収高計算書を提出しなければならない。

　源泉所得税の納付額がある場合は納付書として金融機関または税務署の納付窓口へ提出する。納付額がない場合は税務署へ提出しなければならない。

　納付額がない場合は提出を忘れやすい（過去には、忘れていて1月に2回分を提出したこともある）。さらに今回は「納期等の区分」の最終月である6月に給与等の支給がないので、ますます忘れそうになる。

　今回は納付額がなかったが、なんとか忘れず、令和3年7月5日に税務署へ提出した。7月になるのを待たなくても、今年前半（1月～6月）の中では最後となる給与を5月15日に支給してからすぐに提出してもよかったと思う。

　納付額がある場合で、官報に掲載する解散公告（§9で述べた）による債権申出期間の間に納付期限が到来するときは、裁判所から弁済許可（§27で述べる）を受けるか、公告掲載日の前日までに納付するかしなければならない。

　今回提出した所得税徴収高計算書の記載内容を次頁に掲げる。

令和３年前半分／給与所得の所得税徴収高計算書（納付書）（記載した内容）

国税 収納金 整　理 資金　（納付書）	給与所得・退職所得等の 所得税徴収高計算書	領収済通知書

令和　年度 ０３	税 務 署 名 △△△△△	税 務 署 番 号 ○○○○○○	税務署使用欄 ○○○	整 理 番 号 ○○○○○

区　分	支 払 年 月 日	人 員	支 給 額	税 額	
俸給・給料等 （01）	令和 年 月 日 ～ 月 日 03 01 15 ～ 05 15	人 5	円 ○○○○○○	円 0	納期等 の区分
賞与（役員賞 与を除く） （02）					令和　年月
日雇い労務者 の賃金 （06）					自03 01
退職手当等 （07）					至03 06
税理士等の報 酬 （08）					支払分源泉 所得税及び 復興特別所 得税
役員賞与 （03）	03 03 24	1	○○○○○○	0	

同上の支 払確定年 月日	03 03 18		年末調整に よる不足税 額	
国庫金	徴収義務者	住所 （所在地）　　（電話番号 ○○○-○○○-○○○○） △△△△△ △△△ △△△△△△ ０-○○-○○	年末調整に よる超過税 額	
		氏名 （名称） △△△△△△△△△ ユウゲンガイシャ　　　様（御中）	本　　税	0
			延 滞 税	
	摘要		合 計 額	￥0

72

第１章
解散の準備

第２章
解散決議 〜 財産目録等承認

第３章
残高証明の取得
〜 解散の届け出

第４章
解散日までの会計の税務申告

【３】 住民税の特別徴収について

【3.1】 特別徴収の対象者であるとき

取締役が住民税の特別徴収の対象者であるときは、解散後も引き続き月給をもらう場合を除き、留意するべきことがふたつある。

ひとつ目の留意事項は、住民税月割額の徴収に関することである（地方税法 第321条の５第２項）。

退職時期が１月〜４月であるときは、原則として（再就職先で特別徴収を継続する場合などを除き）、退職月の翌月分以降の住民税月割額（５月分まで）を月給その他の支給物（賞与や退職手当も含む。５月31日までに支払われるものに限る）から一括徴収しなければならない。

退職時期が６月〜12月であるときは、受給者の希望により、退職月の翌月分以降の住民税月割額（退職の翌年５月分まで）を一括徴収することができる。この希望がある受給者は、退職月の月末までに申し出をしなければならない（地方税法施行規則 第９条の23第１項）。

一括徴収の対象とすることのできる月給その他の支給物が複数ある場合、受給者は、どの支給物からいくら払うかを退職月の月末までに申し出ることができる（地方税法施行規則 第９条の23第２項）。申し出がないときは、一括徴収の対象とすることのできるすべての支給物から支給額の割合であん分した額を徴収しなければならない（地方税法施行規則 第９条

の23第3項)。

　ふたつ目の留意事項として、「特別徴収に係る給与所得者異動届出書」を市町村の特別徴収センター（市町村によって部署の名称は異なるかもしれない）へ提出しなければならない（参考文献：［文献4］p.51）。提出期限は原則として退職日の翌月10日である（地方税法施行規則 第9条の24）。

　提出期限の例外について述べる。例外が発生し得るのは、退職日が4月2日〜5月31日であるときに限られる。さらに、次のふたつの場合に限られる。

　例外のひとつは、住民税の特別徴収をされていなかった者が6月分から新たに住民税の特別徴収の対象者として通知された場合である。この場合は、通知書が会社へ届いた日の翌月10日までに提出すればよい。

　例外のもうひとつは、5月分までの住民税の納付先の市町村と6月分以降の住民税の特別徴収の対象者として通知してきた市町村が異なる場合である。この場合、両方の市町村へ給与所得者異動届出書を提出しなければならないが、6月分以降の住民税の特別徴収の対象者として通知してきた市町村へは、その通知書が会社へ届いた日の翌月10日までに提出すればよい。

【3.2】 特別徴収の対象者でないとき

　取締役が住民税の特別徴収の対象者でないとき（または特別徴収している住民税の納付先の市町村と１月１日現在の住所地の市町村が異なるとき）で、前年に給与の支払いを受けている場合で、解散日が１月１日〜４月１日であるときは、解散後も引き続き月給をもらう場合を除き、「給与支払報告に係る給与所得者異動届出書」を市町村（１月１日現在の住所地の市町村）の特別徴収センターへ提出しなければならない。提出期限は４月15日である（地方税法 第317条の6第2項）。

【3.3】 監査役がいる場合

　監査役を無報酬に変更する場合（§15【6】で述べる）、住民税の特別徴収については、退職と同じ扱いになる。

【3.4】 納付時期の制約

　特別徴収した住民税の納付期限が官報に掲載する債権申出期間の間に到来する場合は、官報公告掲載日の前日までに納付を済ませておくか、裁判所から弁済許可（§27で述べる）を受けて期間内に納付するかしなければならない。

◇◇◇　第2章　◇◇◇

＜ 解散決議 ～ 財産目録等承認 ＞

　解散の決議から財産目録等承認までの作業項目を、第2章としてまとめた。

§15　解散を株主総会で決議

　令和3年5月31日、臨時株主総会を開催して会社の解散および清算人の選任を決議した。

【1】　株主総会の特別決議について

　会社解散の決議は、株主総会の特別決議である（会社法 第309条第2項第11号）。特別決議の可決要件は株式会社と有限会社で異なる。

　株式会社の場合、定款で可決要件を加重していなければ、定足数を満たした上で出席株主の議決権の3分の2以上の賛成で可決となる（会社法 第309条第2項）。特別決議をするための定足数は、定款に定めがあれば議決権の3分の1まで緩和できる。定款に定めがなければ議決権の過半数である（会社法 第309条第2項）。

　有限会社の場合、定款で可決要件を加重していなければ、総株主の議

決権の４分の３以上かつ総株主の頭数の２分の１以上の賛成で可決とな
る（会社法の施行に伴う関係法律の整備等に関する法律 第14条第３項）。

【２】　解散の事前決議について

　５月30日以前に株主総会を開催して「５月31日をもって解散する。」
という決議をすることも考えた。

　ところが、法務局のウェブサイトに登載されている解散登記の申請書
類記載例の中に書かれている注意書きによると、そういう決議をした場
合は、解散の登記をする前に会社の存続期間の定めの登記（会社法 第
911条第３項第４号、第915条第１項）をしないといけないらしい。

　そうすると、会社の存続期間の定めの登記のために登録免許税３万円
が余分にかかってしまう。

　よって解散の決議を解散日より前にはしないことにした。

第1章
解散の準備

第2章
解散決議 〜 財産目録等承認

第3章
残高証明の取得
〜 解散の届け出

第4章
解散日までの会計の税務申告

> ［コラム］ 存続期間の定めの登録免許税
>
> 　会社の登記事項のうち、会社の目的、商号、存続期間の定め、発行可能株式総数、監査役の有無など、「その他の事項」と呼ばれる事項の変更登記の登録免許税は、同時にいくつの事項の変更登記を申請しても、３万円である（登録免許税法 別表第１第24号（Ｉ）ツ）。そのため、会社の目的の変更登記を申請するのであれば、その際に併せて存続期間の定めの登記を申請しても、登録免許税の額は同じである。

【3】 清算人選任の決議の省略について

　株主総会で清算人選任の決議をしなかったときは、定款で清算人が定められている場合を除き、解散時の取締役が自動的に清算人となり（会社法 第478条第１項第１号）、解散時の代表取締役が自動的に代表清算人となる（会社法 第483条第４項）。

　この方法で取締役が自動的に清算人となることも考えた。

　しかしその場合は、定款の指定による清算人（会社法 第478条第１項第２号）がいないことを証明するために、有限会社の登記申請書に定款を添付しなければならない。ところが小生の会社は過去に有限会社に関する法制がいろいろと変更になった際の定款修正を怠っていた。登記申請

書に定款を添付するなら現行の法制に適合するように定款を修正しなければならない。

それはなかなかめんどうなことであると思えたので、自動就任はあきらめ、選任の決議を行なった。

株式会社なら、株主総会の決議によって清算人を選任した場合であっても、清算人会の有無を証明するため、登記申請書に定款を添付しなければならない。

有限会社では、清算人会が設置不可（会社法の施行に伴う関係法律の整備等に関する法律 第33条第1項）なので、株主総会の決議によって清算人を選任した場合は、定款を添付せずに清算人の登記を申請することが可能である。

【4】 株主総会の議事録について

解散および清算人選任を決議した株主総会の議事録は、法務局のウェブサイトに登載されている有限会社用の解散登記申請書類記載例の中にあるものを利用して作成した。その議事録を次頁に掲げる。

令和３年５月３１日の株主総会の議事録

臨時株主総会議事録

令和３年５月３１日午前１０時３０分から，当会社の本店において，臨時株主総会を開催した。

株主の総数	○名
発行済株式の総数	３０００株
議決権を行使することができる株主の数	○名
議決権を行使することができる株主の議決権の数	３０００個
出席株主数（委任状による者を含む。）	○名
出席株主の議決権の数	３０００個

出席取締役　△△△△△（議長兼議事録作成者）

以上のとおり株主の出席があったので，定款の定めにより取締役　△△△△△は議長席につき，本臨時株主総会は適法に成立したので開会する旨を宣言し，直ちに，議事に入った。

　　第１号議案　当会社解散の件

　議長は，数年前から進めてきた会社解散の準備が整った旨を述べ、本日をもって当会社を解散することについて，賛否を求めたところ，本日をもって解散することを全員異議なく承認した。

　　第２号議案　解散に伴う清算人選任の件

　議長は，解散に伴い清算人に下記の者を選任したい旨を総会に諮ったところ，全員一致でこれを承認し，被選任者は席上その就任を承諾した。

　清算人　△△△市△△区△△○丁目○○番○○号　△△△△△

　議長は，他に決議すべき事項のないことを確認の上，閉会を宣言した。

　上記の決議を明確にするため，この議事録を作成する。

　　令和３年５月３１日

　　　　　　△△△△有限会社　臨時株主総会
　　　　　　議事録作成者　取締役　△△△△△

【5】 清算人を2人以上選任する場合

　小生の会社では清算人を1人しか選任していないが、清算人を2人以上選任する場合は留意するべき事項がある。留意事項は、会社の組織形態によって以下のように異なる。

（ア）　有限会社の場合

　　　　原則として各清算人が会社を代表するが（会社法 第483条第2項）、会社を代表しない清算人を置くこともできる。会社を代表しない清算人を置きたいときは、清算人の中から一部の者を代表清算人に選定する。代表清算人を選定した場合、選定されなかった者は会社を代表しない清算人となる（会社法 第483条第1項第2文）。

　　　　代表清算人を選定する方法は、株主総会の決議で選定する方法、定款の定めに基づく清算人の互選によって選定する方法、あらかじめ定款で代表清算人を定めておく方法、がある（会社法 第483条第3項）。

（イ）　株式会社で、清算人会設置の定めが定款にない場合

　　　　有限会社の場合と同じ。

（ウ）　株式会社で、清算人会設置の定めが定款にある場合

　　　　清算人は3人以上でなければならない（会社法 第478条第8項、第331条第5項）。

　　　　株主総会で清算人を選任した場合または定款に清算人の指定があって代表清算人の指定がない場合、清算人会において、清算人の

中から代表清算人を１人以上、選定する決議をしなければならない（会社法 第489条第３項）。これらの場合においては、清算人の全員を代表清算人としたいときも、清算人会の決議が必要である。

【6】　監査役がいる場合

解散すると、取締役は自動的に退任するが、監査役は自動的には退任しない。

監査役を退任させたい場合（監査役を０人にしたい場合）は、定款を変更して監査役を廃止する必要がある。

定款を変更していない場合、監査役の辞任または任期満了による退任の登記を申請しても、それによって監査役が０人になるときは（会社法第346条第１項）、登記が受理されない。

定款を変更せずに、株主総会の特別決議で監査役を解任（２人以上いるときは全員解任）することは可能であるが、その場合、後任の監査役の選任の手続きをすることを怠っていると、取締役または清算人が百万円以下の過料に処せられることになっている（会社法 第976条第22号）。

監査役の廃止による退任の登記を申請するときの登録免許税は、有限会社なら、資本金の額により、１万円または３万円（登録免許税法 別表第１第24号（１）カ）、株式会社なら、資本金の額により、４万円または

６万円である。（株式会社の場合の登録免許税の内訳は、監査役の有無が３万円、監査役の退任年月日が資本金の額により１万円または３万円である。有限会社の場合は、監査役の有無が登記事項でないので｛会社法の施行に伴う関係法律の整備等に関する法律 第43条第１項｝、監査役の退任年月日のみ登記する）

　監査役を無報酬に変更するだけなら、これらの費用はかからない。監査役の報酬は、株主総会の決議事項なので（定款で額を定めている場合を除く。会社法 第387条第１項）、無報酬に変更する場合は株主総会の決議が必要になる。

　解散してから１年未満で清算事務が終了する場合、清算会社の監査役が監査するべき書類は、後述するとおり（§21【２】、§22【５】、§36、§42【７】）、特に何もない。

§16　解散登記を申請

　令和３年６月１日、解散および清算人就任の登記申請書を登記所へ提出した。

【１】　解散登記の申請期限

　株主総会の決議によって会社が解散したときは、２週間以内に解散の登記を申請するべきこととされている（会社法 第926条）。

ただし、この条文でいう「解散の登記」に「清算人の登記」は含まれない。清算人の登記の申請期限については【5】で述べる。

【2】　解散登記の申請書類

　解散登記（清算人の登記を含む）の申請書類は、法務局のウェブサイトに登載されている有限会社用のものを利用して作成し、以下の順に並べた。

- ①　登記申請書
- ②　印紙貼付台紙
- ③　登記すべき事項の別紙
- ④　株主総会議事録
- ⑤　株主リスト
- ⑥　印鑑届書
- ⑦　個人の印鑑登録証明書

　登記申請書と印紙貼付台紙を2個のホッチキスで綴じて契印した。印紙貼付台紙には、3万9千円分の収入印紙をのりで貼り付けた。

　登記すべき事項の別紙は、OCR装置での誤読が起きにくいよう、やや厚めの用紙（0.10mm,81g/m²）を使用した。

　株主総会議事録は、令和3年5月31日の株主総会の議事録であり、4頁前に掲載したものである。株主総会議事録には認め印で押印した。

添付書類について原本還付の請求はしないことにした。株主総会議事録は何通でも作成できるので。

　申請書類全体を1個のホッチキスで綴じた。

　申請書類のうち、登記申請書、登記すべき事項の別紙、株主リスト、および印鑑届書、を以下で順次掲載するが、まず、登記申請書を次頁～次々頁に掲げる。

令和３年６月１日申請の登記申請書

第１章
解散の準備

第２章
解散決議 〜 財産目録等承認

第３章
残高証明の取得
〜 解散の届け出

第４章
解散日までの会計の税務申告

受付番号票貼付欄

特例有限会社解散及び清算人選任登記申請書

１．会社法人等番号　　○○○○－０２－○○○○○○

　　　フリガナ　　　　△△△△△△△△
１．商　　号　　　　　△△△△有限会社

１．本　　店　　　　　△△△市△△区△△○丁目○○番○○号

１．登記の事由　　　　解散
　　　　　　　　　　　令和３年５月３１日清算人の選任

１．登記すべき事項　　別紙の通り

１．登録免許税　　　　金３９，０００円

１．添付書類
　　　株主総会議事録　　　　　　　　　　　　　　　　１通
　　　株主の氏名又は名称，住所及び議決権数等を
　　　　　　　　　　　　証する書面（株主リスト）１通
　　　就任承諾書については，株主総会議事録の記載を援用する。

上記のとおり，登記の申請をします。

87

令和３年６月１日
　　　　　△△△市△△区△△〇丁目〇〇番〇〇号
　　　　　申請人　　　△△△△有限会社

　　　　　△△△市△△区△△〇丁目〇〇番〇〇号
　　　　　清算人　　　△△△△△

　　　　　連絡先の電話番号〇〇〇－〇〇〇－〇〇〇〇

　△△△法務局　　　　御中

【3】 登記申請書の宛名の登記所名について

　会社の所在地が支局管轄または出張所管轄である場合は、登記申請書の宛名の登記所名を、「△△△法務局△△支局」、「△△△法務局△△出張所」、「△△△地方法務局△△支局」、または「△△△地方法務局△△出張所」などとするべきである。小生の会社は所在地が本局管轄であるので、支局名や出張所名の記載をしなかった。

【4】 登記の事由について

　登記申請書に記載する「登記の事由」は、清算人の就任の経緯や会社の組織形態によって以下のように異なる。

（ア）　株主総会で清算人を選任したとき（会社法 第478条第1項第3号、第928条第3項）

（a1）　有限会社で、会社を代表しない清算人がいない場合

　　　　　解散

　　　　　令和〇年〇月〇〇日清算人の選任

（a2）　有限会社で、会社を代表しない清算人がいる場合

　　　　　解散

　　　　　令和〇年〇月〇〇日清算人及び代表清算人の選任

（a3）　株式会社で、清算人会設置の定めが定款にない場合

　　　　　解散

　　　　　令和〇年〇月〇〇日清算人及び代表清算人の選任

（a4）　株式会社で、清算人会設置の定めが定款にある場合

　　　　　解散

令和〇年〇月〇〇日清算人及び代表清算人の選任

清算人会設置会社の定め設定

（イ）　株主総会で清算人の選任がされず、定款による清算人の指定もな

　　く、解散時の取締役が自動的に清算人になったとき（会社法 第478

　　条第1項第1号、第928条第1項）（このとき、解散時の代表取締役が自動的

　　に代表清算人になる。第483条第4項）

　（b1）　有限会社で、会社を代表しない清算人がいない場合

　　　　　解散

　　　　　令和〇年〇月〇〇日清算人の就任

　（b2）　有限会社で、会社を代表しない清算人がいる場合

　　　　　解散

　　　　　令和〇年〇月〇〇日清算人及び代表清算人の就任

　（b3）　株式会社で、清算人会設置の定めが定款にない場合

　　　　　解散

　　　　　令和〇年〇月〇〇日清算人及び代表清算人の就任

　（b4）　株式会社で、清算人会設置の定めが定款にある場合

　　　　　解散

　　　　　令和〇年〇月〇〇日清算人及び代表清算人の就任

　　　　　清算人会設置会社の定め設定

（ウ）　定款で指定された者がその指定によって清算人になったとき（会

　　社法 第478条第1項第2号、第928条第3項）

（c1） 有限会社で、会社を代表しない清算人がいない場合

　　　　解散

　　　　令和〇年〇月〇〇日清算人の選任

（c2） 有限会社で、会社を代表しない清算人がいる場合

　　　　解散

　　　　令和〇年〇月〇〇日清算人及び代表清算人の選任

（c3） 株式会社で、清算人会設置の定めが定款にない場合

　　　　解散

　　　　令和〇年〇月〇〇日清算人及び代表清算人の選任

（c4） 株式会社で、清算人会設置の定めが定款にある場合

　　　　解散

　　　　令和〇年〇月〇〇日清算人及び代表清算人の選任

　　　　清算人会設置会社の定め設定

　株式会社の株主総会で清算人を1人だけ選任したとき、代表清算人を選定する行為は特に存在しないのであるが、代表清算人の登記をするので、登記の事由を上記（a3）のように記載する。（株式会社の場合、清算人の登記に住所を記載しないので、清算人が1人だけのときでも、住所の記載をするために、代表清算人の登記をする。有限会社の場合、清算人の登記に住所を記載するので、会社を代表しない清算人がいないときは、代表清算人の登記をしない）

　清算人の選任年月日と代表清算人の選定年月日が異なる場合は、次のように記載することが考えられる。

令和〇年〇月〇〇日清算人の選任

令和〇年〇月〇〇日代表清算人の選定

　しかし、代表清算人の選定年月日は登記を申請するべき期限の起点でないので（詳細は【5】で述べる）、次のような記載でいいかもしれない。

令和〇年〇月〇〇日清算人の選任

代表清算人の選定

【5】　登記の事由に
清算人の選任または就任の年月日を記載する理由

【5.1】　年月日を記載する理由

　登記の事由に清算人の選任または就任の年月日を記載するのは、登記を申請するべき期限が遵守されているかどうかを判別することができるようにするための情報提供が目的である。

　解散の登記に関しては申請期限の起点となる日付の情報が登記すべき事項の中に含まれている。しかし、清算人の登記（最初の清算人の登記）に関しては申請期限の起点となる日付の情報が登記すべき事項の中に含まれていない。そのため、その情報を登記の事由の中に記載することによってこれを明らかにするのである。解散の登記と清算人の登記は申請期限の起点が異なることもあり得るので、それぞれの申請期限の起点を明らかにしなければならない。

【5.2】 就任年月日を記載する場合

取締役が自動的に清算人になった場合（会社法 第478条第1項第1号）は、解散の日から2週間以内に清算人の登記（代表清算人の登記または清算人会の登記をするべきときはそれも含めて）を申請しなければならない（会社法 第928条第1項）。

この場合は就任の承諾が不要で解散と同時に就任するので、「令和〇年〇月〇〇日△△△の就任」というふうに就任の年月日を登記の事由に記載することによって申請期限の起点を明らかにすることができる（登記すべき事項には就任の年月日が含まれていない）。

【5.3】 選任年月日を記載する場合

株主総会の決議で清算人を選任した場合（会社法 第478条第1項第3号）または定款の記載で清算人を指定（選任）した場合（会社法 第478条第1項第2号）は、選任の日から2週間以内に清算人の登記（代表清算人の登記または清算人会の登記をするべきときはそれも含めて）を申請しなければならない（会社法 第928条第3項）。

これらの場合は就任について本人の承諾を要する（商業登記法 第73条第2項）。そのため、選任の年月日と就任の年月日は必ずしも同一でない。例えば、令和3年5月31日に選任されて令和3年6月3日に就任を承諾した場合、就任の年月日は令和3年6月3日である。

つまり、「令和〇年〇月〇〇日△△△の就任」では申請期限の起点が明らかにならない。申請期限の起点を明らかにするためには、「令和〇年〇月〇〇日△△△の選任」と記載する必要がある。

定款の記載で清算人を指定した場合の選任年月日は、定款を作成または変更した日ではなく会社が解散した日である。解散によって選任が効力を生じる。

【6】 登記すべき事項について
提出した「登記すべき事項の別紙」を次頁に掲げる。

令和３年６月１日申請の登記すべき事項の別紙

別紙（登記すべき事項）

「解散」
令和３年５月３１日株主総会の決議により解散
「役員に関する事項」
「資格」清算人
「住所」△△△市△△区△△○丁目○○番○○号
「氏名」△△△△△

登記すべき事項は、会社の組織形態によって以下のように異なる（株式会社について、会社法 第928条第１項、第３項。有限会社について、会社法の施行に伴う関係法律の整備等に関する法律 第43条第２項。以下の記載例は、法務局のウェブサイトに登載されている記載例を基にして作成したが、有限会社で清算人が２人以上いる場合や株式会社で代表清算人が２人以上いる場合にも対応できるよう、汎用性を高めてある。また、下記の（イ）は、法務局のウェブサイトに該当する記載例がないので、有限会社で会社を代表しない取締役がいる場合の記載例などを参照して作成した）。

（ア）　有限会社で、会社を代表しない清算人がいない場合

　　　　「解散」

　　　　令和〇年〇月〇〇日株主総会の決議により解散

　　　　「役員に関する事項」

　　　　「資格」清算人

　　　　「住所」△△県△△市△△区△△〇丁目〇〇番〇〇号

　　　　「氏名」△△△△△

　　　　「役員に関する事項」

　　　　「資格」清算人

　　　　「住所」△△県△△市△△区△△〇丁目〇〇番〇〇号

　　　　「氏名」△△△△△

（イ）　有限会社で、会社を代表しない清算人がいる場合

　　　　「解散」

　　　　令和〇年〇月〇〇日株主総会の決議により解散

「役員に関する事項」

「資格」清算人

「住所」△△県△△市△△区△△○丁目○○番○○号

「氏名」△△△△△

「役員に関する事項」

「資格」清算人

「住所」△△県△△市△△区△△○丁目○○番○○号

「氏名」△△△△△

「役員に関する事項」

「資格」清算人

「住所」△△県△△市△△区△△○丁目○○番○○号

「氏名」△△△△△

「役員に関する事項」

「資格」代表清算人

「氏名」△△△△△

「役員に関する事項」

「資格」代表清算人

「氏名」△△△△△

（ウ）　株式会社で、清算人会設置の定めが定款にない場合

「解散」

令和○年○月○○日株主総会の決議により解散

「役員に関する事項」

「資格」清算人

「氏名」△△△△△

「役員に関する事項」

「資格」清算人

「氏名」△△△△△

「役員に関する事項」

「資格」清算人

「氏名」△△△△△

「役員に関する事項」

「資格」代表清算人

「住所」△△県△△市△△区△△○丁目○○番○○号

「氏名」△△△△△

「役員に関する事項」

「資格」代表清算人

「住所」△△県△△市△△区△△○丁目○○番○○号

「氏名」△△△△△

（エ）　株式会社で、清算人会設置の定めが定款にある場合

「解散」

令和○年○月○○日株主総会の決議により解散

「役員に関する事項」

「資格」清算人

「氏名」△△△△△

「役員に関する事項」

「資格」清算人

「氏名」△△△△△

「役員に関する事項」

「資格」清算人

「氏名」△△△△△

「役員に関する事項」

「資格」代表清算人

「住所」△△県△△市△△区△△○丁目○○番○○号

「氏名」△△△△△

「役員に関する事項」

「資格」代表清算人

「住所」△△県△△市△△区△△○丁目○○番○○号

「氏名」△△△△△

「清算人会設置会社に関する事項」

清算人会設置会社

　上記（ア）の場合、清算人の全員が代表清算人であるので（会社法では会社を代表する清算人を代表清算人と呼ぶ｛会社法 第483条第1項かっこ書き｝）、誰が代表清算人であるかの登記はしないことになっている（会社法の施行に伴う関係法律の整備等に関する法律 第43条第2項）。

　上記（ウ）または（エ）の場合は、清算人の全員が代表清算人である

ときでも、代表清算人の登記をする。住所を登記する必要があるので。

　上記の（エ）について、法務局のウェブサイトに登載されている記載例には「清算人設置会社に関する事項」とあるが（2022-06-15現在）、たぶん、「清算人会設置会社に関する事項」が正しい。

【7】　登記申請書の添付書類について

　登記申請書の添付書類として、清算人の就任の経緯などにより、以下の書類が必要になることがある。

［A］　定款が必要になるケース

（a）　有限会社で、定款で指定された者が清算人になった場合

（b）　有限会社で、定款で指定された者が代表清算人になった場合

（c）　有限会社で、定款の定めに基づく清算人の互選によって代表清算人を選定した場合

（d）　有限会社で、定款に清算人の指定がなく、株主総会での清算人の選任もないために、取締役が自動的に清算人になった場合

（e）　株式会社である場合（商業登記法 第73条第1項。清算人会の有無を確認するため）

［B］　清算人の過半数の一致があったことを証する書面（互選書）が必要になるケース（商業登記法 第46条第1項）

（a）　定款の定めに基づく清算人の互選によって代表清算人を選定した場合（会社法 第483条第3項）

［C］　清算人会の議事録が必要になるケース（商業登記法 第46条第2項）

（a）　清算人会の決議によって代表清算人を選定した場合（会社法 第489条第3項）

［D］　清算人の就任承諾書が必要になるケース（商業登記法 第73条第2項）

（a）　定款で指定された者が清算人になった場合

（b）　株主総会で選任された者が清算人になった場合（席上承諾の場合は株主総会議事録の記載を援用可）

［E］　代表清算人の就任承諾書が必要になるケース

（a）　定款で指定された者が代表清算人になった場合

（b）　清算人会のない会社で、株主総会の決議によって代表清算人を選定した場合（席上承諾の場合は株主総会議事録の記載を援用可）

（c）　定款の定めに基づく清算人の互選によって代表清算人を選定した場合（互選時承諾の場合は互選書の記載を援用可）

（d）　清算人会の決議によって代表清算人を選定した場合（席上承諾の場合は清算人会議事録の記載を援用可）

　取締役が清算人に自動就任した場合（会社法 第478条第1項第1号）、清算人の就任承諾書は不要である。

　代表取締役が代表清算人に自動就任した場合（会社法 第483条第4項）、

代表清算人の就任承諾書は不要である。

　有限会社または清算人会のない株式会社で、清算人の全員が代表清算人になった場合（会社法 第483条第1項第1文）、代表清算人の選定をしたことまたはしなかったことを証する書面は不要である。

　有限会社で、清算人の全員が代表清算人になった場合（会社法 第483条第1項第1文）、代表清算人の登記はしないし（会社法の施行に伴う関係法律の整備等に関する法律 第43条第2項）、代表清算人の就任承諾書は不要である。

　清算人会のない株式会社で、清算人の全員が代表清算人になった場合（会社法 第483条第1項第1文）、代表清算人の登記はするが（住所を登記する必要があるので）、代表清算人の就任承諾書は不要である。

　清算人会のある株式会社で、清算人を株主総会で選任し、その全員を代表清算人にする場合、代表清算人の選定をした清算人会の議事録および代表清算人の就任承諾書（議事録の記載援用でも可）が必要である。

【8】　株主リストについて
　株主総会の決議を要する事項についての登記申請書には株主リストを添付しなければならない（商業登記規則 第61条第3項）。

制度の創設（平成28年10月1日）から日が浅いので、文献によっては、解散登記の申請書に添付するべき書類の一覧に株主リストが記載されていない（［文献2］p.56 ～ 57、p.84、［文献8］p.50 ～ 51）。［文献3］p.28には記載されている。

　提出した株主リストを次頁に掲げる。

第1章

解散の準備

第2章

解散決議〜財産目録等承認

第3章

残高証明の取得〜解散の届け出

第4章

解散日までの会計の税務申告

令和３年６月１日提出の株主リスト

株主の氏名又は名称，住所及び議決権数等を証する書面（株主リスト）

証　明　書

　次の対象に関する商業登記規則61条２項又は３項の株主は次のとおりであることを証明する。

対象	株主総会等又は総株主の同意等の別	株主総会
	上記の年月日	令和３年５月３１日
	上記のうち議案	全議案

	氏名又は名称	住所	株式数(株)	議決権数	議決権数の割合
１	△△△△△	△△△市△△区△△○丁目○○番○○号	3000	3000	100.0%
			合計 3000		100.0%

	議決権数
合計	3000
総議決権数	3000

令和３年６月１日
△△△△有限会社
清算人　△△△△△

104

株主リストには、議決権を有する株主全員ではなく、議決権の多い株主から上位10人または議決権の3分の2に達するまでのどちらか少ないほうの人数の株主を記載する。

　最後に記載するべき株主と同じ数の議決権を有する株主がいるときはその全員を記載することとなっているので、記載するべき株主の数が11人以上になることもあり得る。

　株主リストへの押印は、認め印でもいいのだろうけれど、申請書と同一の印で押印した。

【9】　印鑑届書について

　取締役の代表者印とは別の印鑑を清算人の代表者印にしたかったので、印鑑届書を提出した。

　取締役の代表者印としていた印鑑を清算人の代表者印として使うときに、印鑑届書が必要かどうかはわからない。

　提出した印鑑届書の記載内容を次頁に掲げる。

令和３年６月１日提出の印鑑届書（記載した内容）

印 鑑 （ 改 印 ） 届 書

※　太枠の中に書いてください。

（地方）法務局　　　　支局・出張所　　　年　　月　　日 届出

（注１）（届出印は鮮明に押印してください。）	商号・名称	△ △ △ △ 有 限 会 社
	本店・主たる事務所	△△△市△△区△△○丁目○○番○○号
印鑑提出者　資格	代表取締役・取締役・代表理事 理事・（　清 算 人　　　）
氏名	△ △ △ △ △
生年月日	大・昭・平・西暦　○○年○○月○○日生

□ 印鑑カードは引き継がない。

会社法人等番号　○○○○－０２－○○○○○○

■ 印鑑カードを引き継ぐ。

（注２）印鑑カード番号　　○○○○－○○○○○○○

前 任 者　　△ △ △ △ △

（注３）の印

届出人（注３）　　■ 印鑑提出者本人　　□ 代理人

（市区町村に登録した印）
※　代理人は押印不要

住　所	△△△市△△区△△○丁目○○番○○号
フリガナ	△△△△△△△
氏　名	△ △ △ △ △

＜ 途 中 省 略 ＞

□　市区町村長作成の印鑑証明書は、登記申請書に添付のものを援用する。（注４）

＜ 以 下 省 略 ＞

106

　印鑑届書は太枠の下に委任状記入欄があり、その下に次のような
チェックボックスがある。

　　　□　市区町村長作成の印鑑証明書は、登記申請書に添付のものを
　　　　援用する。（注4）

　このチェックボックスにはチェックを入れなかった。今回の登記すべ
き事項の中には個人の印鑑証明書の添付を必要とするものがなく、印鑑
届書のためだけに添付するので。

【10】　登記申請書の提出および受付

　登記申請書を登記所の窓口へ提出したら、受付年月日、受付番号、お
よび登記完了予定日の記載された「補正確認票」というA4の紙を渡さ
れた。補正が必要になったときにはこの紙を持参せよということらしい。

　商業登記では、不動産登記と異なり、登記が完了しても登記完了証と
かはもらえないらしい。添付書類の原本還付の請求もしていないので、
登記完了後に何かを取りに来るという必要はない。登記事項証明書の取
得には来るけれど、それは他の登記所でも取得できる。

【11】　商号のフリガナの登録について

　国税庁の法人番号公表サイトに商号のフリガナが未登録の会社の場
合、提出する登記申請書に記載したフリガナが法人番号公表サイトに登
録される。

§17　被保険者資格喪失届を年金機構へ提出

　令和３年６月１日、健康保険および厚生年金保険の被保険者資格喪失届を年金機構へ郵便で発送し、健康保険証を同封して返却した。特定記録郵便で送付した。

【１】　被保険者資格の喪失

　平成30年９月３日、健康保険および厚生年金保険の加入手続きをする際に年金事務所で聞いたところによると、会社は解散すると適用事業所でなくなるそうである。

　適用事業所でなくなるということは、取締役が清算人となって引き続き月給をもらう場合も、清算事務のために残る従業員がいる場合も、被保険者の資格は喪失となる（§14【1.1】でも述べた）。

　これと異なる見解で、［文献４］p.50に、「会社が解散しても、従業員が残っているうちは、社会保険等への加入は継続します。」とある（［文献３］p.50および［文献８］p.271 ～ 272は、明確ではないが、［文献４］と同様の見解のようである）。

　しかし、健康保険および厚生年金保険に関する限り、年金事務所で小生が受けた説明は、上述のとおりであった。（年金機構のウェブサイトにある説明を読んだ小生の推測では、清算中も健康保険および厚生年金保険の加入を継

続する方法はあるようであるが、解散後の加入継続は義務ではないようである。も
し解散後の加入継続が義務であるなら、「解散すると適用事業所でなくなる」とい
う説明がうそになってしまう。加入継続の具体的な方法の説明がウェブサイトに書
いてないので、脱退の手続きをしなければ自動的に、事業所は適用延長、被保険者
は加入継続、ということかもしれない。[文献2] p.91では、「健康保険・厚生
年金保険被保険者資格喪失届については，解散（清算）の日の翌日から
起算して5日以内に全従業員分を提出する」とあるので、解散の翌日に資格
喪失するという見解のようである）

このほか、年金事務所で以下のことを聞いている（2018-09-03）。

○　取締役の月給を社会保険料の被用者負担分の最低限度額より少
ない額に変更しても、被保険者の資格は喪失とならない。

○　取締役の報酬を無報酬に変更した場合、被保険者の資格は喪失
となる。

○　事業所の被保険者がひとりもいなくなっても、会社は解散する
まで適用事業所である。

【2】　資格喪失届の提出義務

被保険者の資格が喪失となったら、会社は資格喪失届を提出するべき
こととされている（参考文献：[文献2] p.91～92、[文献3] p.50、[文献4]
p.51、[文献8] p.271～272、p.281。根拠法条：健康保険法 第48条、厚生年
金保険法 第27条）。

資格喪失届は、５日以内に提出するべきこととされている（参考文献：[文献２] p.91、[文献４] p.51。根拠法条：健康保険法施行規則 第29条、厚生年金保険法施行規則 第22条。解散すると、「適用事業所全喪届」も提出しなければならないが、それについては§26で述べる）。

【３】　不該当届の提出義務

　厚生年金保険の70才以上被用者該当者（厚生年金保険法 第27条、厚生年金保険法施行規則 第10条の４）が該当者でなくなった場合、会社は70才以上被用者不該当届を提出するべきこととされている。

　退職しなくても、会社が解散して清算中になれば、事業所の適用を事業主が延長する場合を除き、「適用事業所に使用される者」でなくなるので、該当者でなくなる。「適用事業所に使用される者」であることが、該当者であることの要件のひとつになっている（厚生年金保険法施行規則 第10条の４）。

　70才以上被用者不該当届も、５日以内に提出するべきこととされている（厚生年金保険法施行規則 第22条の２）。

【４】　資格喪失届および不該当届の様式について

　資格喪失届の様式は、年金機構のウェブサイトから入手した。この様式で70才以上被用者不該当届の提出もできる。

年金機構へ送付した「被保険者資格喪失届」の記載内容を次頁に掲げる。

被保険者資格喪失届（記載した内容）

健 康 保 険
厚生年金保険　**被保険者資格喪失届**

厚生年金保険　　70歳以上被用者不該当届

令和　　年　　月　　日提出

事 業 所 整理記号	○○○○－△△△	事 業 所 番　　号	○○○○

事 業 所
所 在 地　　〒○○○－○○○○
　　　　　　△△△市△△区△△○－○○－○○

事 業 所
名　　　称　　△△△有限会社

事 業 主
氏　　　名　　△△△△△

電 話 番 号　　○○○－○○○－○○○○

① 被保険者 整理番号		② 氏　名		(フリガナ) △△△△ (氏) 　　　△△△	△△△ (名) 　　△△	③ 生 年 月 日	⑤ 昭和 7. 平成 9. 令和	年 月 日 ○○ ○○ ○○
④ 個 人 番 号 基礎年 金番号	○○○○ ○○○○ ○○○○			⑤ 喪 失 年月日	03 06 01	⑥ 喪 失 (不該当) 原 因	④退職等（令和３年５ 月３１日退職等） 5. 7.	
⑦ 備考				保険証回収 　　添付　　１　枚 　　返不能　　　枚		⑧ 70歳 不該当	□ 70歳以上被用者不 該当 　（退職日または死亡日 を記入してください） 不該当年月日	

< 　以下省略　 >

112

年金機構のウェブサイトからダウンロードした様式PDFの2頁目に記入方法の説明がある。

70才以上の人に関しては、記入方法の説明で、［⑧70歳不該当］の欄について、『70歳以上の方で資格喪失理由が退職、死亡である場合は、「□70歳以上被用者不該当」にチェックを入れてください。また、「不該当年月日」に退職または死亡した当日の年月日をご記入ください。』とある。

この説明から判断すると、解散による「70歳以上被用者不該当」の場合は、「不該当年月日」に解散年月日（例えば030531）を記載するべきである（解散の翌日ではない）。

70才未満の人も70才以上の人も、解散による資格喪失の場合は（解散後に加入継続しない場合）、［⑤喪失年月日］の欄には、解散の翌日の日付を記載するべきである。

§18 解散のお知らせを過去の取引先へ送付

令和3年6月1日、小生の会社の解散公告が掲載されている官報の該当頁のコピーを同封して、過去10年間の主要な取引先へ解散のお知らせを送付した。

【1】 関係者に解散を知らせる義務

　株式会社または有限会社が清算会社となったときは、清算会社の債権者に対し、2ヵ月以上の債権申出期間を定め、その期間内に債権の申し出をするよう、そして期間内に申し出をしないときは清算から除斥される旨を、官報に公告しなければならず、知れている債権者には、債権申出期間内に債権の申し出をするよう個別に催告しなければならない（会社法 第499条、会社法の施行に伴う関係法律の整備等に関する法律 第2条。官報公告については§9で述べた）。

　もっとも、官報に公告をしなかった場合については過料という行政罰があるが（会社法 第976条第2号。過料については§9【1】で述べてある）、知れている債権者の全部または一部に催告をしなかった場合の行政罰は設けられていない。

　しかし、しなかった場合の罰則がなくても、この催告は、債権の取り立てを忘れている債権者にとってメリットがあるだけでなく、弁済もれのないことを確認できる清算会社の側にもメリットがある。

［コラム］　催告日から債権申出期間最終日までの長さ

　催告をした日から債権申出期間最終日までの長さについては、解散の公告を掲載した日からの長さと同様に、2ヵ月以上でなければならない、という解釈もあり得ると思うが、小生はそのようには解

第1章
解散の準備

第2章
解散決議〜財産目録等承認

第3章
残高証明の取得〜解散の届け出

第4章
解散日までの会計の税務申告

釈していない。

　債権申出期間が２ヵ月以上というのが、何のためかと考えてみると、解散の事実を知ってから債権の申し出をするのに２ヵ月近くの日数を要すると想定しているのではなく、解散の事実を公告で周知させたとみなすための期間であると思う。

　個別の催告を受ける者に周知期間は必要ないので、解散の事実を知ってから債権の申し出をするのにかかりそうな日数を確保できていればいいと思う。

　なので、「解散のお知らせ」が届いた時点で債権申出期間最終日までの残存日数が２ヵ月に満たないということがあったとしても、その者に対して債権申出期間を特別に延長するとかいった救済措置は必要ないと考える。救済措置を設けようとすると、配達された日を知るために特定記録郵便で発送しなければならず、費用が余分にかかる（救済措置を設ける場合の催告書の文例は［文献２］p.72に掲載されている。［文献３］p.25の文例では救済措置を設けていない。［文献８］p.33の文例では救済措置を設けていないが催告での申出期間最終日を公告での申出期間最終日の６日後にしている）。

【2】 催告として送付したもの

　知れている債権者への催告としては、「解散のお知らせ」と題した文書を作成し、官報の解散公告のコピーを添付した。

　官報のコピーは、国立印刷局のウェブサイトからPDFをダウンロードして印刷し、小生の会社の解散公告の部分をラインマーカーでマークした。

　送付した「解散のお知らせ」を次頁に掲げる。

解散のお知らせ

令和３年６月１日

過去１０年間の
取引先　　各位

△△△△有限会社
清算人　△△△△△

解散のお知らせ

　このたび、弊社は、別紙の通り解散することといたしましたので、ここにお知らせいたします。

　長年にわたって少なからぬ取引先の方々から弊社の事業にご支援ご協力いただきましたこと、感謝しております。

　ありがとうございました。

第１章
解散の準備

第２章
解散決議～財産目録等承認

第３章
残高証明の取得　～解散の届け出

第４章
解散日までの会計の税務申告

【3】 催告の送付先選定基準の問題

　債権の申し出をするよう求める催告の送付先をどのように選定するか
は問題である。会社法 第499条の法文上は「知れている債権者には」
となっているが、「知れている債権者」というのが何を指すのか、明確
でない。

　残存債権の存在を清算会社が認識している債権者という意味か、それ
とも残存債権の有無に関する清算会社の認識とは関係なく客観的な意味
での現在の債権者のうち住所氏名が清算会社に知れている者を意味する
のか。

　前者の意味であるとしたら、何らかの不手際によって帳簿に載って
いない債務があったときに、その債権者については個別の催告をする
ことなく官報による公告だけで除斥してよいことになる。そうすると、
清算会社は、長年にわたって債務の管理をしっかりやってきた場合よ
りも、債務の管理で手抜きをしていた場合のほうが法律で優遇される
ことになる。

　とりあえず、「残存債権（清算会社にとっては債務）の存在を清算会社が
認識していて、かつ住所氏名の判明している者」を「知れている債権
者」と解釈してみたところ、それに該当するのは、小生の会社の場合、
消費税についての税務署、法人県民税についての県税事務所、法人市
民税についての市税事務所、社会保険料についての年金機構、の４者

である。

　しかしこの4者に催告をすることに意味があるとは思えない。税務当
局は小生の会社から税務申告があるまで債権額を把握できないので、催
告を受けても債権の申し出をすることができない。年金機構は、催告を
されなくても毎月22日〜24日ごろに納入告知書を送付してくる。

　第499条の法文からは催告送付先選定の基準が導き出せないので、催
告の効果から考えてみた。

　知れている債権者以外の債権者の除斥については会社法 第503条第
1項に規定がある。が、知れている債権者の除斥については法律に規定
がない。知れている債権者を除斥することは一切不可ということだろう
か。債権の申し出をするよう催告を受けて債権の申し出をしなかったと
きに、何も不利益を受けないということだろうか。それでは何のための
催告なのだろうか、という疑問がある。

【4】　催告の目的および送付先選定の目標

　知れている債権者の債権を、知れている債権と知れていない債権に分
けて考えるべきではないだろうか。知れている債権とは、存在を清算会
社が認識している債権で、知れていない債権とは、存在を清算会社が認
識していない債権である。

知れている債権者の知れている債権については、催告に対して債権者から債権の申し出がなかった場合でも、除斥することはできないものと解するべきであろう。

　知れている債権者の知れていない債権については、催告に対して債権者から債権の申し出がなかった場合で、債権申出以外の手段によっても清算会社の知るところとならなかったときは、除斥することができるものと解してよいのではないか。

　こう考えると、催告とは、知れている債権者が有する知れていない債権を除斥するための制度として捉えることができる。そう捉えるなら、催告の送付先に選定するべきは、知れていない債権を有する可能性のある者で住所氏名の判明している者、ということでいいであろう。

【5】　催告の送付先を
知れている債権を有する者に限定することの可否

　もし、催告の送付先を知れている債権を有する者に限定してよいとの解釈をすると、知れていない債権を有する者は、知れている債権をも有する場合には催告を受けて知れていない債権の全部または一部について債権の申し出をしなかったときに限って申し出をしなかった債権を除斥されることがあるのに対し、知れている債権を有しない場合は催告を受けることなく除斥される、ということになる。

これは不公平である。知れていない債権を有する者を、たまたま知れている債権も有しているか否かによって異なった取り扱いとすることは、清算会社にとっては合理的であっても、債権者にとっては合理的でない。

ある債権者について、住所氏名は判明しているが債権の残高がゼロであると判断して個別の催告をしなかった場合、その債権者を除斥することはできないものと考える。これで除斥できたら、債務の管理で手抜きしていた会社を法律で優遇することになってしまうし、踏み倒したい債務を意図的に帳簿に載せずこっそり解散してもいいことになる。

【6】 具体的な送付先の選定方法

知れていない債権を有する可能性のある者をどこから探してくるかは清算人の勘によるしかないと思う。小生は、以下の者から選定した。

（ア） 過去５年間の商取引の債権者。未払い代金が残っているかもしれない（令和２年３月31日までの商法 第522条で、商事消滅時効が５年であった）。

（イ） 過去10年間の非商取引の債権者。未払い代金が残っているかもしれない（令和２年３月31日までの民法 第167条第１項で、民事債権の消滅時効が原則10年であった）。

（ウ） 過去10年間の取引の債務者。過払い金の返還請求権があるかもしれない。

あとで「こっそり解散して未払い金を踏み倒した」とか言われるようなことは避けたいので、催告の送付先は広く選定した。ただし取引金額の少なかった取引先は除外した。（商事債権の消滅時効を民事債権と同じく長期10年とする法改正が令和2年4月1日に施行されたが、令和2年3月31日までに発生した債権には改正前の規定による消滅時効が適用されるので、時効期間の伸長を気にする必要が生じるのは、令和7〈2025〉年4月以降である）

税務署、県税事務所、市税事務所、年金機構、の4者は、知れている債権者ではあるが、知れていない債権を有している可能性が考えられないので、催告の送付先に含めなかった。なお、これらの4者には解散の届を出すが、解散届には債権の申出期間を記載しないし、債権申出期間を記載した書面（解散公告など）の添付もしないので、解散届を催告とみなすことはできない。

以前、小生の会社は、ある債権者への支払いを他人に委託したことがある。その他人はその債権者に対して反対債権を有していた。そのため、その他人は相殺をした可能性がある。しかし支払いの委託を受けた債権と自己が有する反対債権を相手の同意なく相殺することは違法である。違法な相殺がされた場合、その債権者に対する小生の会社の債務は消滅していない。この債権者についてはぜひとも除斥したいと考え、催告の送付先に含めた。相殺がされたかどうかは確認していない。確認をして相殺がされたことを知ってしまったら、「知れている債権」になってしまい、除斥ができなくなる。

【7】 参考文献について

　知れている債権者に個別の催告をしなければならないことは、［文献 1］p.8、［文献 2］p.71 ～ 72、［文献 3］p.23 ～ 25、［文献 8］p.31 ～ 33に記述がある。

　催告をするべき知れている債権者の範囲については、［文献 2］には記述がなく、［文献 1］p.8では「帳簿上認識できる債権者」、［文献 3］p.23 ～ 24では「会社の帳簿その他により氏名、住所等を会社が把握している債権者」、［文献 8］p.31では「清算株式会社の帳簿記録等から把握できている債権者」としている。

　［文献 9］（後掲）p.269 ～ 270、p.282 ～ 283、［文献 10］（後掲）p.409 ～ 410、p.421には、もう少しくわしい記述があるが、催告をする債権者について残存債権の存在を清算会社が認識している債権者に限定することの可否についてあまり明確には書かれていないし、知れていない債権のみを有する可能性のある者への催告の要否、知れている債権者のうち知れていない債権を有する可能性のない者（税務署等）への催告の省略可否、知れている債権者として催告を受けて債権申出のされなかった知れていない債権の除斥可否、などについては書かれていない。

　［文献 10］p.410によると、実務では、知れている債権者への通知は、債権額が一定金額以上の者に限定しているそうである。小生も、取引金額の少なかった取引先については、「解散のお知らせ」の送付先に含め

なかった。

［文献9］　落合誠一（編）

『会社法コンメンタール12 定款の変更・事業の譲渡等・解
散・清算（1）』

（2020年3月30日初版第3刷（2009年10月30日初版第1刷）、
商事法務）

［文献10］　酒巻俊雄ほか（編）

『逐条解説会社法 第6巻 計算等・定款の変更・事業の譲渡
等・解散・清算』

（2020年4月1日、中央経済社）

§19　退職年月日の証明書を退職者に発行

　令和3年6月2日、会社から退職者に退職年月日の証明書を
発行した。

　退職者は小生だけである。

　発行した証明書を次頁に掲げる。

退職年月日の証明書

資格喪失年月日等証明書

1．被保険者であった者の表示

退職時の住所	△△△市△△区△△○丁目○○番○○号
氏名	△△△△△
生年月日	○○○○年○○月○○日
退職時の年令	○○才

2．証明対象の年月日

退職年月日	令和 3 年 5 月31日
資格喪失年月日	令和 3 年 6 月 1 日

　上記1の者について、上記2のとおり、当事業所を退職して健康保険および厚生年金保険の被保険者資格喪失となったことを証明する。

令和3年6月2日

（事業所）

　　△△△市△△区△△○丁目○○番○○号

　　△△△△有限会社

第1章
解散の準備

第2章
解散決議 ～ 財産目録等承認

第3章
残高証明の取得 ～ 解散の届け出

第4章
解散日までの会計の税務申告

退職年月日の証明書の題名はややこしい名前にしたが、「退職証明書」でもよかったと思う。退職者を特定する情報として、氏名だけでは足りないと思ったが、住所と生年月日の両方を記載する必要はないかもしれない。年令を記載したのは加入する市町村の制度（国民健康保険など）を判定する際の便宜を図ったものである。資格喪失年月日は記載しなくてもよいとは思うが、念のため記載した。証明書への押印は、会社名のみが彫ってある四角形の社印を使いたかったが、小生の会社にはそういう社印がないので、解散するまで代表者印として使用していた丸形の「代表取締役印」を使用した。

　退職前に小生の住所地の市町村役場で聞いたところによると、退職にともなって市町村の国民健康保険に加入する手続きをするには、退職年月日を証明するものが必要とのことであった。

　退職年月日の証明書を入手する方法は、年金事務所で「健康保険・厚生年金保険資格喪失確認通知書」を発行してもらう方法がある。しかし、会社から年金機構へ提出した「被保険者資格喪失届」の処理が済んでいないと発行してもらえない。

　退職してから14日以内に国民健康保険の加入手続きをしないといけないが（国民健康保険法施行規則 第3条）、証明書の入手が間に合わないと期限を過ぎてしまう。期限を過ぎると不利益がある（不利益の内容は§20で述べる）。会社が退職年月日の証明書を発行すれば、すぐに加入手続き

をすることができる。

後日、年金機構から会社へ送付された通知書によると、「被保険者資格喪失届」について年金機構での処理が済んだ日は、6月7日であったらしい。つまり、6月8日以降に年金事務所へ行けば、「健康保険・厚生年金保険資格喪失確認通知書」を発行してもらうことができたということになる。しかしその通知書が会社へ届いたのは、6月12日であったので、6月7日に処理済となっていることは6月12日まで知らなかった。

§20　国民健康保険の加入手続き

令和3年6月3日、国民健康保険に加入する手続きのため、小生の住所地の市町村役場へ行き、住民異動届に退職年月日の証明書（§19で発行したもの）を添付して提出した。

国民健康保険料を金融機関の口座から自動引き落としするための自動払込利用申込書も同時に提出した。

退職年月日の証明書はコピーを取得してすぐ返却された。

国民健康保険の被保険者証は、6月5日に簡易書留で届いた。

退職前の5月24日、市町村役場へ行き、退職予定であることを告げて、国民健康保険に加入する手続きで必要な用紙を一式もらっておいた。その際、年令を聞かれた。年令によっては、国民年金に加入する手続きで使用する用紙や後期高齢者医療保険に加入する手続きで使用する用紙を渡されるのであろう。

国民健康保険への加入手続きは、加入資格を得てから14日以内にしないといけない（国民健康保険法施行規則 第3条）。遅延した場合、資格取得日から手続き日の前日までの期間について、保険料の賦課対象になるが保険給付の対象にならない。

§21　解散日までの決算資料を作成

解散日までの会計計算期間についての損益計算書、株主資本等変動計算書、および解散日の貸借対照表（税務申告用）を6月3日までに作成した。

【1】　会計計算期間について

会社を清算するために解散した場合、税務申告のための会計計算期間は、解散日を末日とする期間と解散日の翌日を初日とする期間に区切られる（法人税法 第14条第1項第1号。§8〈解散の予定日を決定〉でも述べた）。

小生の会社は期末決算日に解散したので解散日を末日とする会計計算

期間の長さは12ヵ月であったが、期末決算日でない日に解散した場合は12ヵ月より短くなる。税法ではこの期間のことを「事業年度」または「みなし事業年度」と呼ぶが、会社法の用語である「事業年度」と意味が異なる上に、長さが12ヵ月でないこともあり得る期間を「年度」と呼ぶことに小生は違和感を感じるので、本書では「会計計算期間」と呼んでいる。

【2】 計算書類の作成について

小生の会社の場合、通常の事業年度では、会社法（第435条第2項）、会社法施行規則（第116条）、および会社計算規則（第59条第1項）の規定に従い、以下の計算書類を作成している。

（a）貸借対照表

（b）損益計算書

（c）株主資本等変動計算書

（d）個別注記表

ところが、解散すると、清算中の会社は会社法 第509条第1項第2号によって第435条第2項が適用除外となり、会社法施行規則 第116条および会社計算規則 第59条第1項も適用されなくなる。しかしこれらの計算書類のうち、（a）、（b）、および（c）は、解散日を末日とする会計計算期間についても、法人税法施行規則 第35条によって必要とされているので、作成しなければならない（参考文献：［文献2］p.106上から10〜13行目、［文献4］p.32〜36、［文献8］p.121〜122）。

このように、解散日を末日とする会計計算期間に関する計算書類は、税務申告上の必要によって作成するものであり、会社法の作成義務によって作成するものではないので、監査役の監査を受けたり株主総会に提出したりする義務はない。

解散日を末日とする会計計算期間に関する計算書類に含まれる貸借対照表は、税務申告用のものである。解散日現在の貸借対照表は、税務申告用のものとは別に、清算事務用のものが必要になる（参考文献：[文献2] p.106、[文献4] p.33～34、[文献8] p.121）。資産や負債の計上基準が異なるため、このふたつは異なる内容になる。税務申告用では資産に含み益を計上せず負債に将来の費用を計上しないが、清算事務用ではそれらを計上する。清算事務用の貸借対照表の作成については§22〈解散日の財産目録等を作成〉で詳述し、その承認について§23〈財産目録等を株主総会で承認〉で述べる。

§22　解散日の財産目録等を作成

解散日の財産目録および貸借対照表（清算事務用）を6月4日までに作成した。

【1】　財産目録および貸借対照表の作成義務
会社が清算会社になったら、清算人は、解散日の財産目録（会社法施行規則 第144条）および貸借対照表（会社法施行規則 第145条）を作成しな

けれなばらないこととされている（参考文献：［文献１］p.8、［文献２］p.64
～65,105～108,115～118,124～128、［文献３］p.31～35、［文献４］p.33
～35、［文献８］p.58～65。根拠法条：会社法 第492条第１項）。

この作成義務による貸借対照表は清算事務用の貸借対照表であり、税
務申告用の貸借対照表（法人税法施行規則 第35条。§21【２】で述べた）と
は異なる。

清算事務用の貸借対照表の作成に関して、通常の事業年度の貸借対照
表の作成に適用される基準（会社法 第435条第２項、会社法施行規則 第116
条第２号、会社計算規則 第59条第３項、第72条など）は適用されない（会社法
第509条第１項第２号）。それらとは異なる基準が定められている（会社法
施行規則 第145条）。

【２】 作成した財産目録および貸借対照表

小生が作成した財産目録を次頁～次々頁に掲げ、３頁後に貸借対照表
（清算事務用）を掲げる。

第１章
解散の準備

第２章
解散決議～財産目録等承認

第３章
残高証明の取得～解散の届け出

第４章
解散日までの会計の税務申告

財産目録

△△△△有限会社

財 産 目 録

令和3年5月31日　（解散日）　現在

[資産の部]

科目	摘要	金額	小計
預金	△△△△△銀行　△△支店 普通預金	N,NNN,NNN	
	△△△△△銀行　△△△支店 普通預金	N,NNN,NNN	N,NNN,NNN
現金		NN,NNN	NN,NNN
未収金	法人税等還付金	N	N
経過利息	△△△△△銀行　△△支店 普通預金のR3.2.22からの経過利息 （税引き後）	NN	
	△△△△△銀行　△△△支店 普通預金のR3.2.22からの経過利息 （税引き後）	NN	NN
資産の部合計		N,NNN,NNN	

[負債の部]

科目	摘要	金額	小計
消費税等	消費税及び地方消費税（R2.6.1〜R3.5.31の分）	NNN,NNN	NNN,NNN
法人税等	法人県民税（R2.6.1〜R3.5.31の分）	21,000	
	法人市民税（R2.6.1〜R3.5.31の分）	50,000	71,000
社会保険料	健康保険料（R3年5月分）	N,NNN	
	厚生年金保険料（R3年5月分）	NN,NNN	
	子ども・子育て拠出金（R3年5月分）	NNN	NN,NNN
清算中の公租公課	法人県民税（R3.6.1〜R3.8.29の分）	N,NNN	
	法人市民税（R3.6.1〜R3.8.29の分）	4,100	N,NNN
清算手続の費用	解散登記後の登記事項証明書	1,200	
	預金残高証明発行手数料	1,540	
	債務弁済許可申立て手数料	1,000	
	残余財産分配の振込手数料	1,100	
	清算結了登記の登録免許税	2,000	
	清算結了登記後の登記事項証明書	600	
	清算人への報酬	NNN,NNN	
	清算人報酬の振込手数料	550	
	郵便代（概算）	1,200	
	印刷・コピー代（概算）	1,200	NNN,NNN
負債の部合計		NNN,NNN	

[正味資産の部]

差引　正味資産	N,NNN,NNN	

貸借対照表（清算事務用）

△△△△有限会社

貸 借 対 照 表

（清算事務用）

令和３年５月３１日　（解散日）　現在

資産の部		負債の部	
科目	金額	科目	金額
預金	N,NNN,NNN	消費税等	NNN,NNN
現金	NN,NNN	法人税等	71,000
未収金	N	社会保険料	NN,NNN
経過利息	NN	清算中の公租公課	N,NNN
		清算手続の費用	NNN,NNN
		（負債の部　合計）	NNN,NNN
		純資産の部	
		純資産	N,NNN,NNN
資産の部　合計	N,NNN,NNN	負債・純資産の部　合計	N,NNN,NNN

　財産目録で「清算中の公租公課」の摘要欄に記載した対象期間の末日"R3.8.29"は、遅くともこの日までには残余財産を確定させることができるであろうと計画した残余財産確定予定日である。

【3】　税務申告用と清算事務用のちがい

【3.1】　含み損益

　資産に含み損益がある場合はそれを財産目録および清算事務用の貸借対照表に計上しなければならないので、税務申告用の貸借対照表には計上していない以下の1科目を資産として計上した。

　　○　経過利息

　経過利息は、普通預金の利息が前回、元本に加算されて以降の普通預金の利息である。前回、元本に加算された日がR3.2.22だったので、以下のような2個の表を用いて計算した。

経過利息の計算表（2分の1）

(a1)	(a2)	(a3)	(a4)	(a5)	(a6)	(a7)
始期	金額	終期	日数	金額×日数	正負	金額×日数×正負
			(a3)−(a1)	(a2)*(a4)		(a5)*(a6)
R3.2.22	R3.2.22の残高	R3.5.31			+1	
入金日	入金額	R3.5.31			+1	
入金日	入金額	R3.5.31			+1	
入金日	入金額	R3.5.31			+1	

135

出金日	出金額	R3.5.31			−1	
出金日	出金額	R3.5.31			−1	
出金日	出金額	R3.5.31			−1	
出金日	出金額	R3.5.31			−1	
出金日	出金額	R3.5.31			−1	
					(b1) a7の合計	

経過利息の計算表（2分の2）

項目記号	項目名	値	式
（b2）	利率	0.001％	
（b3）	税引き前の利息		Int((b1)*(b2)/365)
（b4）	税率	15.315％	
（b5）	税額		Int((b3)*(b4))
（b6）	税引き後の利息		(b3)−(b5)

　期間中に普通預金の利率が変更になったときは、税引き前の利息を計算するにあたって、利率変更日前日までの期間と利率変更日以降の期間について別々に利率を乗じ、それらを合算してから1円未満の端数を切り捨てるべきである。

【3.2】 将来の費用

　財産目録および清算事務用の貸借対照表には将来の費用を負債として計上しなければならないので、税務申告用の貸借対照表には計上してい

ない以下の2科目を負債として計上した。

○　清算中の公租公課

○　清算手続の費用

　清算手続の費用のうち、郵便代および印刷コピー代についてはこの時点で正確に見積もることができないのでやや多めに見積もった。

【4】　清算人会設置会社である場合

　小生の会社は該当しないが、清算会社が清算人会設置会社である場合は、解散した日の財産目録および清算事務用の貸借対照表を、株主総会へ提出する前に、清算人会で承認しなければならない（会社法 第492条第2項、第3項）。

【5】　監査役がいる場合

　小生の会社にはいないが、監査役がいる場合であっても、解散日の財産目録および貸借対照表については、株主総会へ提出する前に監査役の監査を受ける必要がない（会社法 第492条第3項）。

§23　財産目録等を株主総会で承認

　令和3年6月5日、財産目録および貸借対照表（清算事務用）の承認のため、株主総会を開催した。

【1】 財産目録等について株主総会の承認を受けるべき義務

　解散日の財産目録およびその財産目録に基づく貸借対照表については、株主総会の承認を受なければならない（会社法 第492条第3項）。

　その株主総会の議事録を次頁〜次々々頁に掲げる。ただし、収録に際して改頁の位置を調整した。

令和3年6月5日の株主総会の議事録

△△△△有限会社
株主総会議事録

一　株主総会が開催された日時および場所
　　　日時　令和3年6月5日　午後5時00分〜午後5時20分
　　　場所　当会社本店

二　株主総会の議事の経過の要領およびその結果
　　1　出席株主の確認　　　　つぎのとおり、株主の出席を確認した。

当会社の株主の総数および発行済株式の総数	○名	3000株
議決権を行使することができる株主の総数およびその議決権の総数	○名	3000個
出席した株主の数およびその議決権の数	○名	3000個

2　決議事項

[１]　第１号議案　　計算書類の承認の件

　　　　第○○期（2020.6.1～2021.5.31）に関する以下の書類について承認を求めるものである。

　　　　　　・損益計算書
　　　　　　・株主資本等変動計算書
　　　　　　・貸借対照表（税務申告用）

　　　　清算中の会社は会社法第４３５条第２項による計算書類の作成義務が第５０９条によって適用除外となっているが、これらの書類は法人税法施行規則第３５条で税務申告に必要である。

　　　　清算人△△△△△から、内容を説明した。これらの書類は、継続企業の前提に基づいているので、資産の部に含み益の計上はなく、負債の部に予定費用の計上はしていない。

　　　　清算中の会社は会社法第４３８条第２項が適用除外となっているが、同項の規定に準じて株主総会の承認を求めるものである。

　　　　出席株主に承認を求めたところ、出席株主全員の賛成があり、第１号議案は承認された。

[２]　第２号議案　　財産目録等の承認の件

　　　　以下の書類について承認を求めるものである。

　　　　　　・財産目録
　　　　　　・貸借対照表（清算事務用）

　　　　これらの書類は、会社法第４９２条第１項の規定に基づき、解散日（R3.5.31）時点におけるものとして作成したものである。

　　　　清算人△△△△△から、内容を説明した。これらの書類は、清算事務用のものであるので、資産の部には解散日までの預金の経過利息を含み益として計上し、負債の部には清算期間中の公租公課および清算手続き費用を予定費用として計上している。

　　　　これらの書類について、会社法第４９２条第３項の規定に基づき、株主総会の承認を求めるものである。

　　　　出席株主に承認を求めたところ、出席株主全員の賛成があり、第２号議案は承認された。

3　議事の終了

　　　　本日の株主総会の目的である事項の全部についてその議事が終了したことを確認し、閉会した。

三　株主総会の議長、出席清算人、議事録作成者

株主総会の議長	出席した清算人	議事録の作成に係る職務を行った清算人
△△△△△	△△△△△	△△△△△

以上の事項を明らかにするため、この議事録を作成し、出席清算人は以下に記名押印する。

　　令和３年６月５日　△△△△有限会社　株主総会

　　　　　　　　　　　　　　　清算人　△△△△△

この株主総会で決議した事項のうち、法律の規定によって株主総会で決議するべきとされている事項は、第2号議案のみである。

　損益計算書等の計算書類について株主総会の承認を受けるべきであるとしている会社法 第438条第2項の規定は、会社法 第509条第1項第2号の規定により、清算中の会社については適用されないこととなっている。であるから、第1号議案は法律で義務づけられている決議事項ではない（参考文献：[文献2] p.106上から13行目）。

【2】 清算人が招集するべき株主総会の種類

　会社法の規定では、清算事務のために清算人が招集するべき株主総会は次の3種類がある。

（ア）　第492条第3項の規定による株主総会

　　清算人は、以下の（a1）および（a2）を株主総会へ提出してその承認を受けなければならない。

　　　　（a1）　解散日の財産目録（第492条第1項。会社法施行規則 第144条）

　　　　（a2）　解散日の貸借対照表（第492条第1項。会社法施行規則 第145条）

　　清算人会設置会社である場合、上記（a1）および（a2）は、株主総会へ提出する前に、清算人会で承認しなければならない（第492条第2項、第3項）。

（イ）　第497条の規定による定時株主総会

　　清算人は、以下の（ｂ１）および（ｂ２）を定時株主総会へ提出
しなければならない（第497条第１項）。そして（ｂ１）についてはそ
の承認を受けなければならず（第497条第２項）、（ｂ２）については
その内容を報告しなければならない（第497条第３項）。

　　　（ｂ１）　清算事務年度に係る貸借対照表（第494条第１項。会社法
　　　　施行規則 第146条）

　　　（ｂ２）　清算事務年度に係る事務報告（第494条第１項。会社法施
　　　　行規則 第147条）

　　清算事務年度とは、解散の翌日から始まる12ヵ月毎の期間のこ
とである（第494条第１項）。解散してから１年未満で清算事務が終
了（§42【２】）した場合、清算事務年度が１回も完結しないので、
解散後に定時株主総会を開催する機会は１回もない（解散日が期末決
算日であるときはその決算日に対応した定時株主総会を第296条第１項に基づ
いて開催するべきという解釈もあり得るが、その定時株主総会へ提出するべき
議題が何もない）。残余財産の確定（§35【２】）が済んでいても、清
算事務が終了していないうちに清算事務年度が終了した場合は、そ
の清算事務年度に関する定時株主総会を開催しなければならない。

　　清算人会設置会社である場合、上記（ｂ１）および（ｂ２）は、
株主総会へ提出する前に、清算人会で承認しなければならない（第
495条第２項、第497条第１項第２号）。清算人会で承認する際は、それ
ぞれの附属明細書も含めて承認をしなければならない。

　　監査役を置く会社の場合、上記（ｂ１）は、清算人会設置会社で

あるときは清算人会で承認する前に（第495条第2項）、清算人会設置会社でないときは株主総会へ提出する前に（第497条第1項第1号）、監査役の監査を受けなければならない（第495条第1項。会社法施行規則 第148条第2項第2号）。監査役の監査を受ける際は、貸借対照表の附属明細書も対象となる。

　監査役を置く株式会社であって、監査役の監査の範囲を会計に関するものに限定する旨の定款の定めがない会社の場合、上記（b2）は、清算人会設置会社であるときは清算人会で承認する前に（第495条第2項）、清算人会設置会社でないときは株主総会へ提出する前に（第497条第1項第1号）、監査役の監査を受けなければならない（第495条第1項。会社法施行規則 第148条第2項第3号、同条第3項）。監査役の監査を受ける際は、事務報告の附属明細書も対象となる。

（ウ）　第507条第3項の規定による株主総会

　清算人は、次の（c1）を株主総会へ提出してその承認を受けなければならない。

　　（c1）　清算事務の終了による決算報告（第507条第1項。会社法施行規則 第150条）

　清算人会設置会社である場合、この（c1）は、株主総会へ提出する前に、清算人会で承認しなければならない（第507条第2項、第3項）。

【３】 文献による見解の相異

解散日の貸借対照表（清算開始時の貸借対照表）を審議する株主総会について、［文献２]p.66 〜 70と他の文献（［文献１]p.8、［文献３]p.33、［文献４] p.33 〜 34、［文献８] p.15）で見解が異なる。

各文献の見解を次の表に掲げる。

解散日の貸借対照表を審議する株主総会に関する文献の見解一覧表

	文献２	文献４	文献１,３,８
株主総会の種類	定時株主総会	定時株主総会とはしていない。	
株主総会の適用条項	第４９７条	（記載なし）	第４９２条第３項（文献８は記載なし）
事務報告について	事務報告を作成して提出する。	事務報告が必要とはしていない。	
貸借対照表について	貸借対照表の承認を受ける。	貸借対照表を提出する。	貸借対照表の承認を受ける。
財産目録について	財産目録の提出や承認が必要とはしていない。	財産目録を提出する。	財産目録の承認を受ける。

［文献２］は、清算開始時の貸借対照表を承認する株主総会の議事録をp.70に掲載しているが、その議事録によれば、その株主総会においては、清算開始時の財産目録の承認をしていない。

小生は、この件について、［文献２］の見解には賛同せず、他の文献の見解に賛同する。すなわち、清算開始時の財産目録の承認を必要と考

え、事務報告は不要と考える（［文献4］でははっきりとは書かれていないが、財産目録および貸借対照表を株主総会へ提出するということは、承認を求める趣旨であると解することができるので、［文献4］の見解と［文献1、3、8］の見解に実質的なちがいはないものと、小生は解釈している）。

　清算開始時の貸借対照表を承認する株主総会は、開催時期が例年どおりである場合は定時株主総会（会社法 第296条第1項）とみなす余地もあると思うが、仮に定時株主総会であるとみなした場合であっても、適用される条文は、第492条第3項であって、第497条ではないと考える。

　第497条の株主総会は清算事務年度に関して第494条第1項に基づいて作成された書類が提出される株主総会であり、清算事務年度とは解散日の翌日から始まる12ヵ月毎の期間であるので、清算開始から12ヵ月以内に第497条の株主総会が開催されることはあり得ないと考える。

第1章
解散の準備

第2章
解散決議 〜 財産目録等承認

第3章
残高証明の取得 〜 解散の届け出

第4章
解散日までの会計の税務申告

◇◇◇　第3章　◇◇◇

＜ 残高証明の取得 〜 解散の届け出 ＞

◇◇◇　◇◇◇　◇◇◇　◇◇◇　◇◇◇

　預金残高の証明書取得から、各機関への解散届出までの作業項目を、第3章としてまとめた。

§24　預金残高の証明書を取得

　解散登記完了予定日の前日である令和3年6月8日、取引先金融機関へ行き、6月7日現在の預金残高の証明書を発行してもらった。

　証明書の発行手数料は、現金にて支払った。預金から引き落としたらせっかく証明してもらった残高が変化してしまう。

　証明書の使用目的は、裁判所へ提出する債務弁済許可申立書に添付することである。

§25　解散登記後の登記事項証明書を取得

　令和3年6月9日、登記所へ行き、解散登記後の登記事項証明書（履歴事項全部証明書）を2通、取得した。

2通のうち1通は裁判所提出用、もう1通は金融機関へ提示する必要があるかもしれないと考えて取得した。

取得後、コンビニの複合コピー機でスキャンしてPDFをUSBメモリに格納した。これで何通でもコピーを印刷できる。

§26　適用事業所全喪届を年金機構へ提出

令和3年6月10日、登記事項証明書のコピーを同封して、健康保険および厚生年金保険の適用事業所全喪届を年金機構へ送付した。

【1】　全喪届の提出義務
健康保険および厚生年金保険の適用事業所である会社が解散したときは、適用事業所全喪届を提出しなければならないこととされている（参考文献：[文献2] p.94、[文献8] p.280）。

【2】　全喪届の提出時期および添付書類について
適用事業所全喪届は、適用事業所に該当しなくなってから5日以内に提出しなければならないこととされている（参考文献：[文献2] p.94。根拠法条：健康保険法施行規則 第20条第1項、厚生年金保険法施行規則 第13条の2第1項）。

［コラム］　全喪届の提出時期に関する複数の見解

　［文献４］p.51では、解散後も残っている従業員がいる場合は全員退職してから全喪届を提出することになっている。［文献３］p.50および［文献８］p.271〜272は、明確でないが、［文献４］と同様の見解らしい。これらは、解散後の適用延長を当然の前提としているようである。

　［文献２］p.91およびp.94は、解散の日の翌日から起算して５日以内に資格喪失届および全喪届を提出するという見解である。解散後に適用の延長をしないことを当然の前提としているようである。

　小生は、解散の翌日以降に適用を延長することが可能ではあるが義務ではないと解釈しているので（§17【１】で述べた）、事業主の意思で適用を延長する場合以外は、解散の翌日が「適用事業所に該当しなくなった日」であると解釈としている。

　全喪届には、「該当しなくなった年月日」（健康保険法施行規則 第20条第１項第３号、厚生年金保険法施行規則 第13条の２第１項第３号）を記載するとともに、「適用事業所に該当しなくなったことを証する書類」を添付しなければならないこととされている（健康保険法施行規則 第20条第３項、厚生年金保険法施行規則 第13条の２第２項）。

この「適用事業所に該当しなくなったことを証する書類」というのが具体的にどんな書類かというと、日本年金機構のウェブサイトの「適用事業所が廃止等により適用事業所に該当しなくなったときの手続き」というページに書かれているところによれば（2021-04-14現在）、雇用保険の適用事業所でない会社の場合、「解散登記の記入がある法人登記簿謄本のコピー」とされている。文献の説明もほぼ同様である（［文献2］p.94、［文献8］p.272）。

［コラム］　適用を延長した場合の添付書類

　もし健康保険および厚生年金保険について解散後に加入を継続した場合で、その後、全員が退職するのを待って、最後の退職者の退職日の翌日を「（適用事業所に）該当しなくなった年月日」（全喪届での項目名は「全喪年月日」）として全喪届を提出するとしたら、「適用事業所に該当しなくなったことを証する書類」として、解散登記後の登記事項証明書では、「該当しなくなった年月日」の証明にならない。この場合において、（雇用保険の適用事業所なら最後の退職者の退職日の証明書を職安で発行してもらえるけど、）雇用保険の適用事業所でない会社がどのような書類を添付するべきか、わからない。しかし清算結了日の翌日でもって「該当しなくなった年月日」とするなら、清算結了登記後の登記事項証明書でいいと思う。

解散登記の申請日は早くても解散の翌日である。申請してから4日以内に登記が完了する可能性は低いので、解散してから5日以内に「解散登記の記入がある法人登記簿謄本のコピー」を添付して全喪届を提出というのは無理な注文である（解散が金曜日であると、全喪届の提出期限は翌週水曜日になるが、月曜日が祝日である場合、登記申請は火曜日以降になる）。

　適用事業所全喪届の提出に先立って、被保険者資格喪失届を提出してある（§17で述べた）。法令による提出期限は同一であるが、全喪届の提出は期限に遅れてもあまり支障がないのに対し、資格喪失届の提出が遅れるといろいろと支障を生じる可能性がある。

【3】　全喪届の様式について
　適用事業所全喪届の様式は、年金機構のウェブサイトから入手した。

　年金機構へ送付した適用事業所全喪届の記載内容を次頁に掲げる。解散日の翌日の日付を「全喪年月日」に記載した。

適用事業所全喪届（記載した内容）

健 康 保 険
厚生年金保険　適用事業所全喪届

事業所整理記号		事業所番号	送信	全喪年月日	全喪の原因		事業再開見込年月日	送信
○○○○	△△△	○○○○		令和 030601	解散① 休業2 合併3			

全 喪 後 の 連 絡 先		全 喪 の 事 由
住　所	〒○○○-○○○○ △△△市△△区△△○丁目○○番○○号	計画した事業がすべて完了したので、法人を解散した。
氏　名	△△△△△	
電話番号	（○○○）○○○-○○○○	

令和　3　年　6　月　10　日　提出

事 業 所 所 在 地	〒○○○-○○○○ △△△市△△区△△○丁目○○番○○号
事 業 所 名 称	△△△△有限会社
事 業 主 氏 名	取締役　△△△△△
電 話 番 号	（○○○）○○○-○○○○

§27 債務弁済許可申立書を裁判所へ提出

令和３年６月10日、裁判所へ行き、債務弁済許可申立書を提出した。

【１】 申立ての目的

官報に掲載した解散公告（会社法 第499条。§９で掲載申込について述べた）で定めた債権申出の期間中（公告日を含めて２ヵ月＋１日以上）は、債務の弁済をするのに裁判所の許可を要する（会社法 第500条）。

債権申出の期間中に裁判所の許可なく債務の弁済をした場合、清算人は、百万円以下の過料に処せられることとなっている（会社法 第976条第29号）。

消費税などの納付期限がこの期間中に到来するので、裁判所に弁済の許可を申し立てた。（許可を要する事例を§34【２】でいくつか述べる。清算中に給料債務や事務所の賃借料が発生する場合は要注意である）

【２】 申立ての手数料

債務弁済許可の申立てに際しては、手数料千円を収入印紙で納付する。

【３】 申立てをせずに済ます方法

別の選択肢として、消費税などの納付が済むまで、官報への公告およ

第1章
解散の準備

第2章
解散決議〜財産目録等承認

第3章
残高証明の取得〜解散の届け出

第4章
解散日までの会計の税務申告

び知れている債権者への催告（会社法 第499条。催告については§18で述べた）を先延ばしにする、という方法もある（参考文献：[文献10]《書名等は§18【7】に記載》p.414下から3行目）。

その場合はその分だけ清算手続きが遅延することになる。

消費税などの納付が済んでから官報公告の申込みをした場合、申込みから掲載まで数週間かかるので、解散の翌日から債権申出期間の末日までの日数が3ヵ月以上になって、法人県市民税均等割の負担（1ヵ月単位）が増す可能性がある。清算中の法人県市民税均等割は、小生の会社の場合、1ヵ月当たり3千8百円程度である。

この3千8百円という金額は、小生の会社の債務弁済許可申立に要する費用3千5百円（申立手数料1000円＋登記事項証明書600円＋預金の残高証明書1540円＋甲号証写しの作成費用360円）より高額である。

また、例年、消費税の申告および納付は7月22日ごろにしており、今年も同様であるとして7月23日以降に官報公告の申込みをすると掲載は8月になる可能性が高い。そうなると、清算手続きは2ヵ月の遅延になる。2ヵ月遅延すると均等割の負担増がおよそ7千6百円になる。

消費税などの納付を6月28日までに済ますことにして6月29日の官報に解散公告を掲載してもらえるよう事前に申し込んでおくという方法

もある。そうすれば、債権申出期間の末日が8月30日（8月29日が日曜日なので）、解散の翌日から債権申出期間の末日までの日数が3ヵ月未満、法人県市民税均等割の負担増なし、である。

　その場合は消費税の正確な税額を6月27日までに計算できなければならない。しかし、例年、小生の会社に消費税の申告用紙や申告の手引きが届くのは6月下旬である。一応、前年の手引きに基づいて早めに計算はするが、今年の手引きが届くまで、税額に変更がないかどうか、税務の専門家でない小生は確信を持つことができない（6月5日の株主総会で承認した財産目録に記載の消費税の金額は、もちろん、その時点で確信の持てていない金額である。確信を持てるまで待っていたら、清算手続きが遅延する。消費税の納付するべき税額の計算は、百円未満の端数の処理が複雑である｛端数の処理をまちがえて税務署から指摘されたことがある｝。【5】でも述べるが、エクセル表の計算シートを5個、用いる。しかも、税制の変更により、エクセル表の計算式をほぼ毎年変更しなければならない。しかし、計算式をまちがえたとしても誤差は3百円以内である。帳簿に記載している消費税相当額の期間合計と照合するので、4百円以上のまちがいは生じない）。

【4】　申立書の作成

　申立書の作成にあたっては、［文献7］p.329〜334を主に参考とし、［文献5］p.266〜271および［文献3］p.26も参考にした。

　「申立ての理由」の行数が、［文献7］の記載例では22行、［文献3］

の記載例では14行であり、［文献5］には記載例がなかった。小生の会社の場合は、「申立ての理由」の行数が71行になった。

　提出した申立書（ただし、清算期間中の法人県民税の計算方法をまちがえたので、その部分を修正したもの）を次頁〜4頁後に掲げ、別紙債権目録を5頁後に掲げる。収録の都合により1行の文字数を減らしたので、「申立ての理由」の行数は71行より増えている。

債務弁済許可申立書

債務弁済許可申立書

令和３年６月１０日

△△△地方裁判所
　執行センター〇階
　保全非訟係　御中

　　　　　〒〇〇〇－〇〇〇〇　△△△市△△区△△〇丁目〇〇番〇〇号
　　　　　　　　　申立人　清算会社　△△△△有限会社
　　　　　　　　　上記代表者　清算人　△△△△△（印）

　　　　　〒〇〇〇－〇〇〇〇　△△△市△△区△△〇丁目〇〇番〇〇号
　　　　　　　　　　　　　　　　△△△△△（送達場所）
　　　　　　　　　　電話〇〇〇－〇〇〇－〇〇〇〇

申立ての趣旨

　「別紙債権目録記載の債権者に対し、同目録記載の債権額を弁済することを許可する。」との裁判を求める。

申立ての理由

１．申立人は、登記事項証明書（甲１）にあるとおり、令和３年５月31日株主総会の決議（甲２）により解散し、解散時の取締役であった△△△△△が清算人に就任した。

　　清算人は、令和３年６月１日付け官報に解散の公告（甲３）をなした。債権申出期間は同年８月２日までである。

　　清算人は、会社の財産を調査の上、財産目録（甲４）および貸借対照表（甲５）を作成して株主総会に提出し、その承認を受けた（甲６）。

　　これによれば、申立人の資産はN,NNN,NNN円、負債はNNN,NNN円であり、申立人の資産のうち普通預金の合計残高はN,NNN,NNN円である。

２．申立人は、令和３年２月末日をもって事業を終了した。

　　事業終了時に存在した債務のうち申立人の把握している債務は、弁済期の到来していない公租公課を除き、解散日までに弁済を済ませた。

事業の終了から解散日までに３ヶ月の期間が経過しており、申立人の把握していない債務が残っている可能性は相当程度に小さいはずである。

３．申立人は、解散日時点で公租公課以外に債権者はいないとの認識であるが、念のため、過去１０年間の主要な取引先１０社（個人を含む）（甲７）へ、解散公告の官報の写し（甲３）を同封して、「解散のお知らせ」（甲８）を送付した。

４．別紙債権目録記載の債権額について疎明する。

債権目録１の債権は、「消費税及び地方消費税」であり、会社第○○期（R2.6.1～R3.5.31）の課税売上高を所定の算式に当てはめて計算した（甲９）。

債権目録２の債権は、法人県民税であるが、第○○期の所得金額が赤字であるため、均等割のみの課税であり、「資本金等の額が１,０００万円以下の法人」として、21,000円である（甲10）。

債権目録３の債権は、法人市民税であるが、第○○期の所得金額が赤字であるため、均等割のみの課税であり、「資本金等の額」が「１千万円以下の法人」で「従業者数」が「50人以下」の法人として、50,000円である（甲11）。

債権目録４の債権は、社会保険料であり、健康保険料の標準報酬月額NN,NNN円、並びに厚生年金保険料および子供・子育て拠出金の標準報酬月額NN,NNN円に所定の料率を乗じて計算した（甲12）。

５．別紙債権目録記載の各債権の性質について述べる。

債権目録１、２、３の債権は、租税債権であり、優先的に弁済されるものである。

債権目録４の債権は、健康保険料、厚生年金保険料、および「子ども・子育て拠出金」を合算したものであるが、健康保険料については健康保険法第１８２条で「保険料等の先取特権の順位は、国税及び地方税に次ぐものとする。」と、厚生年金保険料については厚生年金保険法第８８条で「保険料その他この法律の規定による徴収金の先取特権の順位は、国税及び地方税に次ぐものとする。」と、「子ども・子育て拠出金」については「子ども・子育て支援法」（平成二十四年法律第六十五号）第７１条第１項で「拠出金の徴収については、厚生年金保険の保険料その他の徴収金の徴収の例による。」とされており、一般債権より優先する債権である。

６．解散後に発生すると見込まれる費用について疎明する。

申立人は本年１月１日現在で不動産を所有していたが、当該不動産に係る固定資産税および都市計画税は、解散前に令和３年度の全期分を納付済みである。また当該不動産の売却に係る所有権移転登記は解散前に済ませてある。よって、今後、固定資産税および都市計画税を請求されることはない。

　　申立人は、清算期間中の課税期間は、預金の利息以外には収入が考えられず、法人税法による所得金額が赤字となる見込みであり、法人税の負担は発生しないと想定しているが、法人県民税および法人市民税は、それぞれ均等割の負担が発生する。

　　申立人は、清算期間中の課税期間を2ヶ月超で3ヶ月未満と想定し、課税期間の月数（1ヶ月未満の端数は切り捨て）に応じた均等割額（百円未満の端数切り捨て）で法人県民税の負担を見込む。

　　△△市の場合、清算期間中で法人税の負担がない課税期間については、法人市民税の均等割が申請すれば半額に減額される。申立人は、清算期間中の課税期間を2ヶ月超で3ヶ月未満と想定し、課税期間の月数（1ヶ月未満の端数は切り捨て）に応じた均等割額（百円未満の端数切り捨て）の半額（百円未満の端数切り捨て）で法人市民税の負担を見込む。

　　申立人は、清算期間の長さに係わらず、清算結了登記が完了してから、清算人に金〇〇万円の報酬を支給することとしている（甲13）。

　　ここに記述した費用以外の費用も含め、解散後に発生すると見込まれる費用を財産目録（甲4）および貸借対照表（甲5）の負債の部に計上している。

7．申立人が本件債権者以外の債権者に対して解散日時点で負担している債務は、申立人の知る限り、1件も存在しない。

8．申立人の預金残高（甲14、甲15）の総額は、本件債権者の債権の総額を大きく上回っており、申立人の知れたる債権者以外の債権者から債権の申し出があっても十分対応できるだけの金額であり、他の債権者を害するおそれはなく、解散後に発生する費用の支弁に支障を来すおそれもない。

9．よって、本件を申し立てる次第である。なお、債権目録4の債権は、口座からの自動引き落としであるので債務弁済許可を受ける必要はないのかもしれないが、万が一、当該口座が差し押さえまたは仮差し押さえを受けて自動引き落としができない場合には他の方法で納付しなければならないため、そのような場合の対応も考慮して弁済許可を受けておきたい。

疎　明　方　法

甲第1号証	登記事項証明書	1通
甲第2号証	解散決議の株主総会議事録（R3.5.31）	1通
甲第3号証	解散公告（写し）	1通
甲第4号証	財産目録	1通
甲第5号証	貸借対照表	1通

甲第6号証	財産目録等承認の株主総会議事録（R3.6.5）	1通
甲第7号証	「解散のお知らせ」の送付先一覧	1通
甲第8号証	解散のお知らせ	1通
甲第9号証	消費税及び地方消費税の金額計算書	1通
甲第10号証	△△県における法人県民税 及び法人事業税の税率について（お知らせ）	1通
甲第11号証	法人市民税に関するお知らせ［△△△市］	1通
甲第12号証	社会保険料の金額計算書	1通
甲第13号証	清算人報酬決定の株主総会議事録（R3.5.14）	1通
甲第14号証	残高証明書	2通
	（内訳）△△△△△銀行 △△支店　　1通 　　　　　△△△△△銀行 △△△支店　1通	
甲第15号証	預金通帳のコピー	2通
	（内訳）△△△△△銀行 △△支店　　1通 　　　　　△△△△△銀行 △△支店　　1通	

添 付 書 類

登記事項証明書（甲1）	1通
甲第2号～第15号証写し	各1通

別紙債権目録

（別紙）

債権目録

No.	債権者	債権の名称	金額	支払期限
1	国（△△△△△△税務署）	消費税及び地方消費税	NNN,NNN円	令和３年７月３１日
2	△△県（△△△△県税事務所）	法人県民税	21,000円	令和３年７月３１日
3	△△△市（△△△市税事務所）	法人市民税	50,000円	令和３年７月３１日
4	日本年金機構（△△△年金事務所）	社会保険料	NN,NNN円	令和３年６月３０日（自動振替）

【5】 申立書および添付資料について

申立ての理由第1項で、債権申出期間の末日は、曜日を考慮しないなら8月1日であるが、8月1日が日曜日なので、民法の規定（第142条）により、8月2日が末日となる。

解散公告（甲3）は、該当頁のみの添付であり、小生の会社の掲載されている部分をカラーマーカーでマークした。

「解散のお知らせ」の送付先一覧（甲7）は、§10〈清算手続きで使用する消耗品を購入〉で定形封筒として長形40号のものを購入した理由に関係して述べたとおりのものである。

消費税及び地方消費税の金額計算書（甲9）は、前年の消費税及び地方消費税の申告で用いた申告書様式（簡易課税用）の、「付表4－1」の①～③、「付表5－1」、「付表4－1」の④以降、申告書第2表、申告書第1表、の各項目を5個のエクセル表で再現して小生が作成した全5頁の計算書である。税制の変更により、今年は申告書の様式が変更になる可能性を承知していたが、この時点ではまだ今年の様式が税務署から届いていなかったので、前年の様式で作成した。

甲第10号証は、前年に県税当局から送付されたものである。今年の分がまだ送付されてきていないためである。

　甲第11号証は、前年に市税当局から送付されたものである。今年の分がまだ送付されてきていないためである。

　甲第10号証および第11号証は、原本が両面印刷（１枚）であるが、裁判所へ提出する写しは片面印刷（２枚）にした。

　社会保険料の金額計算書（甲12）は、５月の標準報酬月額に５月分の保険料率を乗じて小生が計算した計算書である。

　預金通帳（甲15）は、残高の掲載されている最終の見開き頁の先頭行が解散日以前の日付であることを確認し、その見開き頁のみをコピーした。通帳のコピーには、金融機関名、取引店名、預金科目名、口座番号、および口座名義、を記載した紙片を貼り付けた。

　甲第10号、11号、14号、および15号証は、原本がカラーなので、写しもカラーで作成した。

　甲第２号～第15号の各号証写しで複数枚にわたったものは、接着剤またはホッチキスで綴じた（甲４、甲６、甲10、および甲11は接着剤。甲7および甲9は各４枚以上あるのでホッチキス）。

　28ポイント程度の赤色の文字で甲１、甲２、甲３、……、甲15と記載した紙片を用意し、それぞれの号証に、甲第１号証にはホッチキス

で、甲第2号〜第15号証には接着剤で貼り付けた。区別した理由は、甲第2号〜第15号証は提出するのがコピーなので、紙片の接着で隠れている部分の提示を求められた場合には原本を提示することが可能であるのに対し、甲第1号証は提出するのが原本であることによる。

　甲第14号証および第15号証は、それぞれ2通あるので、紙片に12ポイント程度の赤色の文字で「2分の1」、「2分の2」と書き加えて区別できるようにした。

　提出書類は、以下の順に並べた。
　　①　申立書
　　②　印紙貼付台紙
　　③　別紙債権目録
　　④　甲第1号証
　　⑤　甲第2号〜第15号証写し

　申立書は印紙貼付台紙とともにホッチキスで綴じた。契印はしていない。別紙債権目録はホッチキスに綴じ込んでいない。

　印紙貼付台紙は法務局のウェブサイトからダウンロードした登記申請用のものを利用した。

　申立手数料の収入印紙は印紙貼付台紙を用いずに申立書の適宜の場所

に貼ってもよかったようであるが、適宜の場所に貼ると契約書を作成するときの要領でついうっかり消印してしまいそうな気がしたので、印紙貼付台紙に貼ることにした。

　提出書類全体を大きめのクリップでひとつにまとめて提出した。しかしクリップはその場で返却された。

【6】　事前相談

　解散前の５月10日、裁判所へ行って、債務弁済許可申立の事前相談をしてきた。

　申立書の草稿、文献７、身分証明書（運転免許証）を持参した。５月末で解散して６月に債務弁済許可の申立てをする予定であることを告げ、文献７の表紙と申立書の草稿を提示して、この本を読んで申立書を作成中である旨を告げた。文献７の表紙を見せた理由は、こちらの知識水準を伝えることにより、相談に対する説明の水準をこちらの希望に見合ったものにしてもらうためである。申立書草稿のコピーを取りたいと言われたので了承した。コピーを取得されることは想定していたので、冒頭に目立つように「作成中」と記載し、未確定の金額は予定金額でなく伏せ字で記載し、未稿部分には「・・・（未稿）・・・」と記載し、草稿であることが一目瞭然であるようにしておいた。身分を証明するものの提示を求められたので運転免許証を提示した。

【7】 清算人が2人以上いる場合

　清算人が2人以上いる場合、債務弁済許可を裁判所へ申し立てるには、清算人全員の同意を要する（会社法 第500条第2項第2文）。その場合、清算人全員の同意がある旨を申立書に記載し、全員の同意があることの証明書を作成して申立書に添付するべきであると考える。

【8】 弁済許可決定

　6月21日、弁済許可が下りた旨の連絡が裁判所からあり、その数時間後には謄本交付の準備ができた旨の連絡があった。

　翌22日、受領印（申立書に押印した認め印）を持参して裁判所へ決定書の謄本を取りに行ってきた。

　申立書の「申立ての趣旨」では参考文献にならって「債権者に対し、同目録記載の」と記載したが、決定書の主文では「債権者に対して、同目録記載の」という言い回しになった。

§28　税務署へ解散を届け出

　令和3年6月11日、解散登記後の登記事項証明書のコピーを添付して、異動届出書を税務署へ提出した。

　異動届出書の用紙は国税庁のウェブサイトからダウンロードして印刷

したものを使用した。

　税務署へ提出した異動届出書の記載内容を次頁に掲げる。

解散について税務署へ提出した異動届出書（記載した内容）

異動届出書

（☑ 法人税 　☑ 消費税）

令和　年　月　日	提出法人	（フリガナ）	△△△△△△△△△△△△
	☑ □ □ □ □	本店又は主たる事務所の所在地	〒○○○－○○○○ △△△市△△区△△○－○○－○○ 電話（○○○）○○○－○○○○
	単体法人	（フリガナ）	同　上
		納　税　地	
		（フリガナ）	△△△△△△ユウゲンガイシャ
		法人等の名　　称	△△△△有限会社
税務署長殿		法　人　番　号	○○○○○○２○○○○○○
次の事項について異動したので届け出ます。		（フリガナ）	△△△△△△△
		代表者氏名	△△△△△
		（フリガナ）	△△△△△△△△△△△△
		代表者住所	〒○○○－○○○○ △△△市△△区△△○－○○－○○

異動事項等	異　動　前	異　動　後	異動年月日 （登記年月日）
代表者	取締役 △△△△△	清算人 △△△△△	R3.5.31 （R3.6.1）

< 　途中省略　 >

（その他参考となるべき事項）
　法人の解散

< 　以下省略　 >

消費税課税事業者選択不適用届出書を提出済みであるが、最後の消費税の申告がまだなので、解散にともなう異動届出書の届出対象の税目として［消費税］にもチェックを入れた。

　税務署への異動届では登記事項証明書のコピーを添付しなくてもよいのだが、事務処理の効率を考えて添付した。

§29　県税事務所へ解散を届け出

　令和3年6月11日、解散登記後の登記事項証明書のコピーを添付して、解散報告書を県税事務所へ提出した。

　解散報告書の用紙は県税当局のウェブサイトからダウンロードして印刷したものを使用した。

　県税事務所へ提出した解散報告書の記載内容を次頁に掲げる。

県税事務所へ提出した解散報告書（記載した内容）

解　　散
事務所等廃止　報　告　書

年　　月　　日

△△県　　　　県税事務所長殿

〒○○○－○○○○

本店又は本社
所　在　地　　△△△市△△区△△○丁目○○番○○号

（電話　○○○－○○○－○○○○）

〒

県内にある主たる
事務所等所在地　　　　同　上

（電話　　　　－　　　－　　　　）

（フリガナ）　　△△△△△△ユウゲンガイシャ
法人の名称　　△△△△有限会社
法人番号　　○○○○○○2○○○○○○
（フリガナ）　　△△△△△△
代　表　者
清　算　人　氏名　△△△△△

下記のとおり、解　　散
　　　　　　　事務所等を廃止　しました。

解散 廃止　年　月　日	令和3年5月31日	解散 廃止　の理由	計画した事業がすべて完了した。
解散登記年月日	令和3年6月1日		
清算人	住所	△△△市△△区△△○丁目○○番○○号 （電話　○○○－○○○－○○○○）	
	氏名	△△△△△	
解散 廃止　後の連絡先		（電話　　　　－　　　－　　　　）	

＜　途中省略　＞

（添付書類）
1. 登記事項証明書（履歴事項全部証明書）の写し

＜　以下省略　＞

170

解散報告書の様式に記載されている添付書類の一覧のうち、今回添付したものは登記事項証明書だけなので、「1.登記事項証明書」の項目番号に丸を付けるべきだったかもしれない。

§30　市税事務所へ解散を届け出

令和3年6月11日、解散登記後の登記事項証明書のコピーを添付して、「法人の異動届出書」を市税事務所へ提出した。

「法人の異動届出書」の用紙は市税当局のウェブサイトからダウンロードして印刷したものを使用した。

市税事務所へ提出した「法人の異動届出書」の記載内容を次頁に掲げる。

解散について市税事務所へ提出した「法人の異動届出書」（記載した内容）

法 人 の 異 動 届 出 書

令和　年　月　日	本店所在地	△△△市△△区△△○丁目○○−○○	代表者	住所	△△△市△△区△△○丁目○○−○○
（宛先） △△△市 市税事務所長	市内の主たる事務所、事業所又は寮等の所在地	同　上		氏名	△△△△△
	フリガナ	△△△△△△△ユウゲンガイシャ		この届出書に応答する係、氏名及び電話番号	
	法人名	△△△△有限会社			

異 動 年 月 日	令和　3　年　5　月　31　日
登 記 年 月 日	令和　3　年　6　月　1　日

異 動 事 項	異　　　　　動　　　　　前	異　　　　　動　　　　　後
	＜　途中省略　＞	
解散、清算結了 破産、破産終結 その他の事由		
清算人等の住所氏名		△△△市△△区△△○丁目○○−○○ △△△△△
	＜　途中省略　＞	

添付書類	1.定款の写し 2.登記事項証明書の写し 3.その他参考資料	摘要		関与税理士 氏名	

172

「法人の異動届出書」の様式に記載されている添付書類の一覧のうち、今回添付したものは登記事項証明書だけなので、「2. 登記事項証明書の写し」の項目番号に丸を付けるべきだったかもしれない。

◇◇◇　第4章　◇◇◇

＜ 解散日までの会計の税務申告 ＞

◇◇◇　◇◇◇　◇◇◇　◇◇◇　◇◇◇

　解散日までの会計計算期間についての税務の申告作業を、第4章としてまとめた。

§31　解散日までの国税の税務申告書を
　　　　　　　　　税務署へ提出

　令和3年7月9日、解散日を末日とする会計計算期間について、消費税の確定申告書および法人税の確定申告書を税務署へ提出した。

【1】　申告用紙の入手

　税務署から申告用紙が届いたのは、6月29日であった。国税庁のウェブサイトから様式をダウンロードするという方法もあったが、複写式の用紙はありがたい。それに消費税の申告書の付表はいろいろ種類があってどれを使うべきかがわかりにくいが、小生の会社の今年の申告に適したものだけを税務署が送ってくれるのもありがたい。消費税の税率改定から20ヵ月経過したことにより、今年使用するべき付表は昨年とは別のものになっていた。

期末決算日以外の日に解散した場合は、申告用紙が税務署から自動的に届くのかどうかわからない。届かない場合は、税務署へもらいに行くか、国税庁のウェブサイトから様式をダウンロードするとかいった対応が必要になる（§8〈解散の予定日を決定〉でも述べた）。

【2】 法人税の適用税率の判定

小生の会社は該当しないが、解散日を末日とする会計計算期間の長さが12ヵ月でなく、かつその期間の所得が黒字である場合、法人税の適用税率が段階的に上がる所得金額のしきい値を月割りで計算しなければならない（法人税法 第66条第4項、租税特別措置法 第42条の3の2第3項）。

所得金額のしきい値を月割りする際、期間に1ヵ月に満たない端数がある場合は1ヵ月に切り上げる（法人税法 第66条第5項、租税特別措置法 第42条の3の2第4項）。

月割りで計算したしきい値の額に千円未満の端数がある場合、その端数が所得金額の千円未満の端数より多いときは千円単位に切り上げ、そうでないときは切り捨てる（根拠法条はよくわからないが、国税庁が提供している「法人税申告書 地方法人税申告書 の記載の手引」{令和3年版の場合はp.7}ではそうなっている）。

【3】 解散の注記

法人事業概況説明書の第二面の自由記述欄に、「令和3年5月末に会

社を解散した。」と記載した。

【4】 法人税の申告の種類について

　解散日を末日とする会計計算期間についての法人税の申告の種類について、文献によっては、「解散確定申告」という呼び方を使用しているものがある（［文献4］p.37、［文献8］p.128）。しかしこの呼び方は現行の法令や国税庁の提供している「法人税申告書　地方法人税申告書　の記載の手引」に根拠のあるものではない。

　平成22年9月30日までの旧法下で解散した会社の場合は、清算確定申告と対比するために解散確定申告と称することにそれなりの意味があったかもしれないが、清算確定申告という制度（改正前の法人税法　第104条）が廃止された現行法の下で解散した会社の場合は、解散確定申告と称することについて特に有益な意味はないように思う。

　［文献1］p.206、［文献2］p.171、および［文献3］p.60では、解散日を末日とする会計計算期間を「解散事業年度」と呼び、その期間についての法人税の申告を、「解散確定申告」とは呼ばず、単に「確定申告」と呼んでいる。

　小生は、法人税の申告書において申告の種類を記載する欄に、「解散確定」でなく、「確定」と記載することにより、「確定申告」とした。

§32 解散日までの県税の税務申告書を
県税事務所へ提出

　令和３年７月13日、解散日を末日とする会計計算期間について、法人県民税の確定申告書（道府県民税 事業税 特別法人事業税 地方法人特別税 の確定申告書）を県税事務所へ提出した。

【１】 申告用紙の入手
　６月23日に県税事務所から申告用紙が届いた。

　期末決算日以外の日に解散した場合は、申告用紙が県税事務所から自動的に届くのかどうかわからない。届かない場合は、県税事務所へもらいに行くか、県税当局のウェブサイトから様式をダウンロードするとかいった対応が必要になる。

【２】 法人事業税の適用税率の判定
　小生の会社は該当しないが、解散日を末日とする会計計算期間の長さが12ヵ月でなく、かつその期間の所得が黒字である場合、法人事業税の適用税率が段階的に上がる所得金額のしきい値を月割りで計算しなければならない（地方税法 第72条の24の７第５項）。

　所得金額のしきい値を月割りする際、期間に１ヵ月に満たない端数がある場合は１ヵ月に切り上げる。

月割りで計算したしきい値の額に千円未満の端数があるとき、小生の会社の所在県の県税当局が提供している「申告書（第6号様式）記載の手引」によれば、しきい値の端数の丸めはしないようである。しきい値で区切られた各段階の所得金額は千円未満の端数を切り捨てるので、段階別に分けた所得金額を再度全段階分合計した金額は、段階別に分ける前の所得金額より千円以上少なくなることがあり得る。「記載の手引」に載っている計算例では2千円少なくなっている。

【3】 法人県民税の均等割の月割り

小生の会社は該当しないが、解散日を末日とする会計計算期間の長さが12ヵ月でない場合、法人県民税の均等割の額を月割りで計算しなければならない（地方税法 第52条第3項）。

均等割の額を月割りする際、期間が1ヵ月以上の場合は1ヵ月に満たない端数を切り捨て、期間が1ヵ月未満の場合は1ヵ月に切り上げる。

月割りで計算した均等割の額に百円未満の端数があるときはその端数を切り捨てる。

【4】 解散日の記載

申告用紙に「解散の日」を記載する欄があったので、解散年月日を記載した。

【5】 申告の種類について

　解散日を末日とする会計計算期間についての法人県民税の申告の種類について、[文献8] p.142の記載例では、申告の種類を記載する欄に「解散確定」と記載することによって、「解散確定申告」としている。

　しかし、小生の会社の所在県の県税当局のウェブサイトを調べた限りでは、このような記載をするべき積極的な理由を発見できなかったので、小生は、申告の種類を記載する欄に「確定」と記載することによって、申告の種類を「確定申告」とした。

§33　解散日までの市税の税務申告書を
市税事務所へ提出

　令和３年７月13日、解散日を末日とする会計計算期間について、法人市民税の確定申告書を市税事務所へ提出した。

【1】 申告用紙の入手

　６月23日に市税事務所から申告用紙が届いた。

　期末決算日以外の日に解散した場合は、申告用紙が市税事務所から自動的に届くのかどうかわからない。届かない場合は、市税事務所へもらいに行くか、市税当局のウェブサイトから様式をダウンロードするとかいった対応が必要になる。

【2】 法人市民税の均等割の月割り

小生の会社は該当しないが、解散日を末日とする会計計算期間の長さが12ヵ月でない場合、法人市民税の均等割の額を月割りで計算しなければならない（地方税法 第312条第4項）。

均等割の額を月割りする際、期間が1ヵ月以上の場合は1ヵ月に満たない端数を切り捨て、期間が1ヵ月未満の場合は1ヵ月に切り上げる。

月割りで計算した均等割の額に百円未満の端数があるときはその端数を切り捨てる。政令指定都市で複数の行政区に事務所等がある会社の場合、行政区毎に均等割の額の百円未満の端数切り捨てを行なってから全行政区の合計をする。

【3】 解散日の記載

申告用紙に「解散の日」を記載する欄があったので、解散年月日を記載した。

もっとも、「記載の手引」によれば、「清算中に終了した事業年度について申告をする際に記載してください」となっているので、今回は記載しなくてもいいとは思ったが。

【4】 申告の種類について

解散日を末日とする会計計算期間についての法人市民税の申告の種類

について、［文献 8］p.144 の記載例では「解散確定申告」としている
が、小生の会社の所在市の市税当局のウェブサイトを調べた限りでは、
このような記載をするべき積極的な理由を発見できなかったので、小生
は、申告の種類を「確定申告」とした。

◇◇◇　第5章　◇◇◇

＜ 債務の弁済、資産の換価、残余財産の確定 ＞

　解散日の翌日以降、残余財産確定に至るまでに実施した債務弁済、資産換価、および残余財産確定の作業を、第5章としてまとめた。

§34　債務の弁済

　令和3年7月20日、解散日を末日とする会計計算期間に関する消費税、法人県民税、および法人市民税を、預金口座から納付した。

　社会保険料（5月分）は予定どおり6月30日に預金口座から自動引き落としされていた。

【１】　解散公告前の弁済

　小生の会社の場合、解散日の翌日に解散の公告をしたので、解散の後、その公告の前に弁済した債務はない。

　給料を月末締め切りの翌月10日支給としている会社の場合、解散の公告を6月11日以降に掲載することにして6月10日までに5月分の給料の支給をするという対応が考えられる（公告掲載日の考え方については

§9【3】〈公告を遅らせるべき場合〉でも述べた）。

【2】 債権申出期間中の弁済

債権申出期間中に債務の弁済をするのには、裁判所の許可が必要である（§9【1】〈公告をする義務〉で述べた。§27〈債務弁済許可申立書を裁判所へ提出〉【1】〈申立ての目的〉でも述べた）。

小生の会社の場合、官報に公告した債権申出期間（R3.6.1 ～ R3.8.2）の間には、5月分の社会保険料の自動引き落としが6月30日にあったほか、裁判所の許可を得て以下の債務の弁済をした。

○ 解散日を末日とする会計計算期間（R2.6.1 ～ R3.5.31）に関する消費税

○ 解散日を末日とする会計計算期間（R2.6.1 ～ R3.5.31）に関する法人県民税

○ 解散日を末日とする会計計算期間（R2.6.1 ～ R3.5.31）に関する法人市民税

預金の口座名義の代表者の資格は取締役から清算人に変更しなかった。そのため、解散登記後の登記事項証明書を金融機関へ提示する必要は生じなかった。

会社を解散したことは金融機関に告げてあるので、預金口座からの税金の支払いに際して、裁判所の許可を得ていることの証明書の提示を求

められるかもしれないと思って、弁済許可決定の謄本を持参したが、提示は求められなかった。

小生の会社は該当しなかったが、給与所得等の源泉所得税の納付するべき額があるときで、その納付期限が債権申出期間の間に到来する場合において、解散公告掲載日の前日までに納付を済ませていなかったときは、裁判所から債務弁済の許可を受けて納付をしなければならない（§14〈取締役に最後の給与を支給〉【2】〈給与所得の所得税徴収高計算書について〉でも述べた）。

また、住民税の特別徴収額があるときで、その納付期限が債権申出期間の間に到来する場合において、解散公告掲載日の前日までに納付を済ませていなかったときは、裁判所から債務弁済の許可を受けて納付をしなければならない（§14【3.4】〈納付時期の制約〉でも述べた）。

債権申出期間中の弁済について裁判所の許可を要するのは、解散前から存在する債務だけでなく、清算中に発生する債務についても許可を要する。その場合は、債務が発生する前に、概算で包括的に許可を受けることができるらしい（参考文献：［文献10］《書名等は§18【7】に記載》p.414上から15〜17行目）。小生の会社では該当がなかったが、清算中に給料債務や事務所の賃借料が発生する場合は留意しておくべきである。

繰り返しになるが、裁判所の許可なくこれらの支払いをすると、清算

人は、百万円以下の過料に処せられることとなっている（会社法 第976条第29号。§27【1】で述べた）。

【3】 債権申出期間中に債権の申し出があった場合

債権申出期間中に債権の申し出は1件もなかった。

もし清算会社の把握していない債権の申し出が債権申出期間中にあってそれが正当なものである場合は、解散公告の前から清算会社が把握している同種の債権（一般債権、給料債権、など）と同等に扱わなければならない。

それによって、容易であると思われていた弁済が困難になったときは、株式会社の場合、破産手続開始の申立て（会社法 第484条第1項）または特別清算開始の申立て（会社法 第511条第2項）をしなければならない。有限会社の場合は、特別清算ができないので（会社法の施行に伴う関係法律の整備等に関する法律 第35条）、破産手続開始の申立てをしなければならない。

これらの申立てに際しては、裁判所への納付金や代理人弁護士への報酬などで相当の費用がかかる。債務の総額（公租公課や清算手続きの費用を除く）が数万円にとどまる場合は、何らかの方法で申立てを回避したほうがいい。総額5万円の債務を5万円未満の弁済資金で整理するための手続きに5万円以上の費用をかけていたら、債権者は1円も回収できな

いことになる。

【4】 債権申出期間満了後の弁済

小生の会社の場合、債権申出期間満了後に弁済した債務はない。

もし固定資産税を分納にしていたら、第3期分および第4期分の納付書を早めに発行してもらって債権申出期間満了後のなるべく早い時期に納付するという対応をしていたであろう。

固定資産税の納付が完了していない場合、残余財産の確定に支障はないが、清算事務が終了せず、清算結了登記ができない。

【5】 債権申出期間満了後に債権の申し出があった場合

もし、債権申出期間の満了した後に債権の申し出があった場合は、以下のような扱いにするべきものと考える。

○ 住所氏名が判明しているにも係わらず催告の送付先に含めなかった債権者から、債権申出期間の満了後に債権の申し出があったとき、その申し出は、申出期間に遅れていないものとみなす。

○ 申出期間に遅れた債権は、他の債権より劣後する。

○ 申出期間に遅れた債権は、会社の資産から他の債権や未払いの清算費用を差し引いた後の残余財産に対してしか行使することができない（会社法 第503条第2項）。

○ 遅れた債権の申し出があった時点で、株主に残余財産の全部ま

たは一部を分配済みである場合、申出期間に遅れた債権はその分配よりも劣後する（会社法 第503条第2項）。

○　遅れた債権の申し出があった時点で、一部の株主に残余財産の一部を分配済みである場合、他の株主に同じ割合で分配するための残余財産に対しては、申出期間に遅れた債権を行使することができない（会社法 第503条第3項）。

　債権申出期間に遅れた債権の申し出が複数の債権者からあった場合で、申し出の総額が残余財産の額を超えるときは、申し出のあった順に弁済するべきものと考える。

　これは、申し出の遅れた債権は清算会社の残余財産に対してしか行使できないものであるところ、遅れた債権の申し出があるとその支払いが未済であっても残余財産の額は減少するので、2番目に申し出のされた債権は、1番目に申し出のされた債権によって減少した後の残余財産に対してしか行使できないからである。

【6】　債権者の住所が不明な場合

　転居などによって債権者の住所が不明となっている債権がある場合は、供託所に弁済金を供託（民法 第494条）するべきである。

　住所が不明となっている債権者の債権は、官報による公告だけで除斥することができるが、除斥したからといって債務が消滅するわけで

はない。

　清算会社の資産が負債より多いときは、時効の成立を待つか弁済金を供託するかして債務を消滅させないと、清算事務が終了しない。

　債権者の住所が不明となっている場合の供託に関しては、「第１－２－（９）受領不能（債権者の所在不明の場合の供託（地代・家賃以外））」という供託書の記載例が法務省のウェブサイト（法務局のウェブサイトとは別）に登載されている。

　供託の手続きについても法務省のウェブサイトに説明がある。

§35　資産の換価および残余財産の確定

　令和３年８月23日、普通預金から発生した半年分の利息が普通預金に入金されたことをもって、残余財産確定とした。

【１】　資産の換価
　解散日を末日とする会計計算期間についての法人税の還付金が８月19日に入金されていた。

　解散日の翌日以降、残余財産確定に至るまでにされた資産換価は、法人税還付金の入金および普通預金利息の入金だけであった。

【2】 残余財産の確定

残余財産確定の日を8月23日とした経緯を以下に記す。

会社は、解散したからといって、翌日からすぐに法人県市民税の均等割を課税されなくなるわけではない。ではいつまで均等割を課税されるのか。

この疑問に正面から答えてくれている文献は見つからなかったが、［文献8］p.240〜243および［文献3］p.118〜119の記述から推測して、残余財産確定の日までが課税される期間であるように思える。

根拠法条として、道府県民税の均等割については、地方税法 第52条第2項第1号と同条第3項が「法人税額の課税標準の算定期間」の中で当該自治体の区域内に事務所等を有していた期間を課税の対象としていることを挙げることができ、市町村民税の均等割については、地方税法第312条第3項第1号と同条第4項に同様の規定があることを挙げることができる。「法人税額の課税標準の算定期間」の最後は、法人税法 第14条第1項第21号により、残余財産確定の日までである。

結論として、法人県市民税の均等割が課税されるのは、残余財産確定の日までのようである。残余財産確定の日の翌日から清算結了の日までの期間については、法人格は存続していても均等割の賦課はされないようである。

　そうすると、なるべく早く残余財産を確定させたほうが均等割の負担が軽くなることになる。ただし、均等割の税額を計算するにあたって、算定期間が 1 ヵ月以上である場合は、 1 ヵ月未満の端数を切り捨てることになっている（道府県民税について、地方税法 第52条第 3 項。市町村民税について、地方税法 第312条第 4 項）。

　最短でいつ、残余財産を確定させることができるか、というと、解散公告による債権申出期間が満了するまでは残余財産を確定させることができない。6 月 1 日に公告をしたので、 2 ヵ月（民法 第140条により初日不算入）の債権申出期間の末日は、曜日を考慮しないなら、8 月 1 日である。しかし 8 月 1 日が日曜日であるので、民法 第142条の規定により、 8 月 2 日が期間の末日となる。つまり、最短で残余財産を確定させることができるのは 8 月 2 日である。

　もっとも、解散日の翌日が 6 月 1 日であるので、残余財産確定日が 8 月 2 日でも 8 月30日でも、清算期間中の均等割の税額は 2 ヵ月分である。残余財産確定日が 8 月31日になると、均等割の税額が 3 ヵ月分になる。

　以上のような事情により、8 月 2 日〜 8 月30日の間で適当な日を選んで残余財産確定日とした。

【3】 未換価の資産

　未換価の資産の存在は、必ずしも残余財産を確定させることができない理由にならない。

　解散日の翌日を初日として残余財産確定日を末日とする会計計算期間に関する法人税の還付金は、残余財産確定日までに入金されることが理論的にあり得ないので、残余財産確定の時点では未換価の資産である。

　残余財産確定の日において普通預金の経過利息が1円以上あるときは、それも未換価の資産である。

◇◇◇　第6章　◇◇◇

＜ 残余財産確定日までの会計の税務処理 ＞

　解散日の翌日から残余財産確定日までの会計計算期間についての決算資料作成、税務の申告、および納税の作業を、第6章としてまとめた。

§36　残余財産確定日までの決算資料を作成

　解散日の翌日（R3.6.1）から残余財産確定日（R3.8.23）までの会計計算期間に関する損益計算書、株主資本等変動計算書、および貸借対照表を8月31日までに作成した。

　この損益計算書には残余財産確定日の翌日以降に発生する費用も経費として計上している。例えば、清算結了の登記費用、清算人への報酬など。それらを差し引いた残りが残余財産であるので、それらの予定費用を経費として控除しないと残余財産の額が確定しない。

　小生の会社では該当がなかったが、残余財産確定日までの期間に対する普通預金の経過利息など、残余財産確定日の翌日以降に実現する利益があるなら、それを損益計算書の収益項目および貸借対照表の資産項目に計上するべきであると考える。

残余財産確定日の翌日から残余財産の分配完了予定日までの期間に対する普通預金の利息については、それを見込みで利益として計上するというやりかたもあり得ると思う。しかし普通預金の利率は変更になる可能性があるので、不確定要素を排除したいと考え、残余財産確定の後の普通預金の利息は清算人に帰属させることを5月14日の株主総会で決議しておいた（§13に議事録を掲載してある）。

　残余財産確定日を末日とする会計計算期間に関する計算書類は、税務申告上の必要によって作成するものであり、会社法の作成義務によって作成するものではないので、監査役の監査を受けたり株主総会に提出したりする義務はない。

§37　残余財産確定日までの法人県民税を 　　　　　県税事務所へ申告および納付

　令和3年9月2日、解散日の翌日から残余財産確定日までの会計計算期間に関する法人県民税の確定申告書（道府県民税 事業税 特別法人事業税 地方法人特別税 の確定申告書）を県税事務所へ提出した。

　同日、その税額を県税事務所の納付窓口で納付した。

【1】　申告書および納付書の用紙の入手

　申告書の用紙は県税当局のウェブサイトからダウンロードして印刷したものを使用した。納付書は県税当局のウェブサイトから納付書作成用のエクセルブックをダウンロードして作成した。

【2】　申告期限および納付期限

　残余財産確定日を末日とする会計計算期間についての法人県民税・法人事業税の申告期限および納付期限は、残余財産確定日の1ヵ月後または「残余財産の最後の分配又は引渡しの日」の前日、のいずれか早いほうである（参考文献：［文献3］p.118〜119、［文献8］p.243。法人県民税に関する根拠法条：地方税法 第53条第1項、法人税法 第74条第2項。法人事業税に関する根拠法条：地方税法 第72条の29第3項）。

　小生の会社の場合、残余財産確定日の1ヵ月後は9月23日であり、残余財産の分配を9月15日に完了する予定であるので、申告期限および納付期限は、9月14日となる。

　分配が完了する日は変更の可能性もあるが、申告書に「残余財産の最後の分配又は引渡しの日」という欄があるので、そこに分配完了予定日を記載した。

【3】　法人事業税の適用税率の判定

　小生の会社は該当しなかったが、残余財産確定日を末日とする会計計

算期間の所得が黒字である場合、法人事業税の適用税率が段階的に上がる所得金額のしきい値を月割りで計算しなければならない。

　月割り計算の方法は、§32〈解散日までの県税の税務申告書を県税事務所へ提出〉【2】〈法人事業税の適用税率の判定〉で述べたのと同様である。

【4】　法人県民税の均等割の月割り

　法人県民税の均等割の月割りの計算方法は、§32【3】〈法人県民税の均等割の月割り〉で述べたとおりである。今回は会計計算期間の長さが2ヵ月以上3ヵ月未満なので、均等割は2ヵ月分になる。

【5】　申告の種類について

　残余財産確定日を末日とする会計計算期間にかかる県税の申告について、[文献8] p.185に掲載されている道府県民税申告書の記載例では、申告の種類を記載する欄に「清算確定」と記載して「清算確定申告」としている。

　しかし、小生の会社の所在県では、「清算確定申告」とは「平成22年9月30日以前に解散をした法人」が使用する第九号様式の申告書で選択する申告の種類のひとつであり、解散していない法人や平成22年10月1日以降に解散した法人が使用する第六号様式の申告書では、その記載の手引によれば選択する申告の種類に「清算確定申告」というものはない。

　小生は、申告の種類を記載する欄に「確定」と記載することにより、「確定申告」とした。

　後日、清算結了報告書を提出した後で、県税当局は、残余財産確定日までの法人県民税の申告書が提出済みであるかどうかを確認することなく（もしくは見落として）、申告用紙を送付してきた（10月4日到着）。その用紙には、会社の整理番号や事業年度（3.6.1〜3.8.23）のほか、申告の種類の欄に「確定」と記載済みであった。

§38　残余財産確定日までの法人市民税を市税事務所へ申告および納付

　令和3年9月3日、解散日の翌日から残余財産確定日までの会計計算期間に関する法人市民税の確定申告書および減免申請書を市税事務所へ提出した。

　同日、減免後の税額を市税事務所の納付窓口で納付した。

【1】　申告書および納付書の用紙の入手

　申告書および減免申請書の用紙は市税当局のウェブサイトからダウンロードして印刷したものを使用した。納付書は市税当局のウェブサイトから納付書作成用のエクセルブックをダウンロードして作成した。

197

【2】 申告期限および納付期限

　残余財産確定日を末日とする会計計算期間についての法人市民税の申告期限および納付期限は、法人県民税と同様で、残余財産確定日の1ヵ月後または「残余財産の最後の分配又は引渡しの日」の前日、のいずれか早いほうである（参考文献：［文献3］p.118～119、［文献8］p.243。根拠法条：地方税法 第321条の8第1項、法人税法 第74条第2項）。

　小生の会社の場合は、9月14日が期限である。

　申告書の「残余財産の最後の分配又は引渡しの日」欄には令和3年9月15日を記載した。

【3】 法人市民税の均等割の月割り

　法人市民税の均等割の月割りの計算方法は、§33〈解散日までの市税の税務申告書を市税事務所へ提出〉【2】〈法人市民税の均等割の月割り〉で述べたとおりである。今回は会計計算期間の長さが2ヵ月以上3ヵ月未満なので、均等割は2ヵ月分になる。

【4】 法人市民税の均等割の減免制度

　小生の会社の所在市では、条例により、清算中の会社は、清算中でかつ法人税割の発生しない会計計算期間について、申請すれば法人市民税の均等割が半額（百円未満の端数が生じる場合は端数切り捨て）に減免される。

　減免前の均等割が８千３百円なら、４千２百円減免されて、減免後の税額は４千１百円になる。

【5】　申告書に記載する税額

　申告書に記載する税額について、減免前の税額を記載するべきか、減免後の税額を記載するべきか、わからなかったので市税事務所に電話で問い合わせたところ、どちらでもいいとのことであった。

【6】　申告の種類について

　［文献8］p.189に掲載されている市町村民税申告書の記載例では、申告の種類を記載する欄に「清算確定」と記載して「清算確定申告」としているが、小生の会社の所在市では、「清算確定申告」という種類の申告は、申告書の記載の手引になく、市税当局のウェブサイトを検索してもヒットしないので、小生は、申告の種類を記載する欄に「確定」と記載することにより、「確定申告」とした。

【7】　減免承認

　減免申請に対する「法人の市民税減免承認通知書」は、令和３年10月27日に届いた。

§39 残余財産確定日までの法人税の申告書を
税務署へ提出

　令和3年9月3日、解散日の翌日から残余財産確定日までの
会計計算期間に関する法人税の確定申告書を税務署へ提出した。

【1】 申告用紙の入手

　申告用紙のうち、「別表一」および「法人事業概況説明書」は税務署
へ行ってもらってきた。このふたつはOCR用紙だし、「別表一」は複写
式になっているので。

【2】 最後の法人税の申告と清算結了の前後関係

　これが最後の法人税の申告である。

　[文献4] p.46では、清算結了の登記が完了してから最後の法人税の
申告をするようになっている。しかし、現行の法制は、以下のように
なっている。

（1） 最後の法人税の申告は、残余財産確定から1ヵ月以内で、か
　　　つ、残余財産の最後の分配の前日までに行なわなければならない
　　　（参考文献：[文献1] p.52、[文献2] p.176、[文献3] p.62、p.114～
　　　115、[文献8] p.171～172。根拠法条：法人税法 第74条第2項）。法
　　　人県民税、法人事業税、法人市民税の申告についても同様である
　　　（§37【2】および§38【2】で述べた）。

（２）　残余財産の分配が完了しなければ清算事務終了の決算報告（会社法 第507条第１項）を作成することができない（参考文献：[文献１] p.10、[文献２] p.73、[文献３] p.43、[文献８] p.88。根拠法条：会社法施行規則 第150条第２項第１号）。

（３）　株主総会で清算事務終了の決算報告を承認する決議（会社法 第507条第３項）をしなければ清算結了の登記をすることができない（参考文献：[文献２] p.79 〜 80、[文献３] p.27 〜 30、[文献８] p.53。根拠法条：商業登記法 第75条）。

　清算結了の登記が完了してから最後の法人税の申告をしたときは、残余財産の分配額がゼロである場合を除き、上記（１）に違反している。

　残余財産の分配額がゼロの場合であっても、法人県市民税の最後の均等割の納付が済まないと清算事務は終了しないので、均等割の納付が済む前に清算結了登記をしたときは違法である。

　また、[文献３] p.43 〜 44の記述では、残余財産の分配が終了し決算報告が株主総会で承認されて法人格が消滅してから最後の法人税の申告をすることになっている。しかし、その順番だと、上記（１）に違反しているし、[文献３] p.62および [文献３] p.114の記述と矛盾する。

【3】 法人税の適用税率の判定

　小生の会社は該当しなかったが、残余財産確定日を末日とする会計計算期間の所得が黒字である場合、法人税の適用税率が段階的に上がる所得金額のしきい値を月割りで計算しなければならない。

　しきい値の月割り計算の方法は、§31〈解散日までの国税の税務申告書を税務署へ提出〉【2】〈法人税の適用税率の判定〉で述べたのと同様である。

【4】 残余財産確定日の翌日以降に発生する費用について

　最後の法人税の申告では残余財産確定日の翌日以降に発生する費用も経費に計上するため、未払い費用の明細を添付しなければならない。

　小生は、勘定科目内訳明細書の様式⑨に概略を記載し、詳細は計算書類の附属明細書に記載して添付した。

　その附属明細書を次頁～次々頁に掲げる。

未払金の明細書

△△△△有限会社　計算書類の附属明細書

4. 未払金の明細（第〇〇期）

2021.8.23現在

単位：円

費目	金額	相手先	弁済期
清算結了登記の登録免許税	2,000	登記所（収入印紙）	清算結了登記の申請時
清算結了登記後の登記事項証明書	600	登記所（収入印紙）	清算結了登記の後
清算人の報酬	NNN,NNN	△△△△△（住所は会社住所に同じ）	清算結了登記の後
送金手数料	1,650	△△△△△銀行（△△△市△△区△△〇－〇〇－〇〇）	一部は残余財産の分配時、一部は清算人報酬の支払時

印刷コピー代	120	コンビニ（複合コピー機）	一部は清算結了登記後の登記事項証明書を取得してからそのコピーを税務署等へ提出する前、一部は給与支払い報告書（市町村提出用）の作成時
（合　計）	NNN,NNN		

今回が会社の法人税の最後の申告なので、事業年度の終期（残余財産の確定の日）より後に弁済期の到来する費用を未払い金として計上している。

【5】　清算人の報酬に関する税金について

　清算人の報酬に関する税金について不明な点があったので、会社を解散する前の5月17日、国税局の電話相談室に問い合わせをした。取締役が清算人になることおよび報酬は解散前に決めた金額を清算結了登記後に支給することを告げ、以下の回答を得た。

　　○　清算人の所得の種類は給与所得である。

　　○　定期同額給与ではないので、事前確定届出給与の届け出をしない場合は、損金扱いにできない。

　　○　報酬に対する源泉所得税は、賞与でなく給与として月額表を用いて算定する。

　　○　清算人報酬の支給が12月になった場合は、取締役として支給された報酬と合算して年末調整を行なう必要がある。

　小生の会社の場合、清算期間中に利益が出ることはあり得ないので、事前確定届出給与の届け出はしなかった。

【6】　申告の種類について

　文献によっては、最後の法人税の申告を、「清算確定申告」と呼んでいるものがある（［文献3］p.44、p.62、［文献4］p.46、［文献8］p.177）。

　この「清算確定申告」とは、かつて法人税法に規定されていた制度である（改正前の法人税法 第2条第39号、第104条）。ただし、平成22年9月30日以前に解散をした法人は、平成22年10月1日以降においても旧制

度の適用を受ける（参考文献：［文献１］p.85、p.171、［文献３］p.123）。

　平成22年９月30日以前に解散をした法人の場合、残余財産の分配を
しようとするときは、法人税の申告書として、通常の様式（別表一、別表
一（一）、別表一（二）、など）でなく、別表二十（二）を使用するべきこと
になっている（平成22年版の別表二十（二）の左端脚注）。国税庁のウェブサ
イトに登載されている平成22年版の別表二十（二）には「記載の仕方」
が附属していないが、平成20年版および平成19年版には「記載の仕
方」が附属している。それによれば、この申告書では、申告の種類とし
て、「残余財産分配予納」または「清算確定」などと記載することに
なっている。

　小生の会社の最後の法人税の申告をするにあたって、申告書で申告の
種類を記載する欄にどう記載するべきかを考えた。

　国税庁のウェブサイトで「清算確定申告」という用語を検索してみた
が、平成22年までの資料しか発見できなかった。［文献８］p.177の記
載例では「清算確定」としているが、［文献３］p.117の記載例では「確
定」としている。［文献２］p.176では残余財産が確定した事業年度の
申告を「確定申告」と呼んでおり、「清算確定申告」とは呼んでいない。

　小生は「確定」と記載した。つまり、「清算確定申告」とはせず、「確
定申告」とした。

【7】 最後の税務申告後に債権の申し出があった場合

　残余財産の確定した日を末日とする会計計算期間について税務申告を
した後、残余財産の分配をする前に、遅れた債権の申し出があって簿外
債務の存在が発覚した場合、税務についてどのような対応をするべき
か、よくわからないが、小生が思いつくのは以下のような対応である。

（ア）　残余財産確定日を変更せずに修正申告をする。

（イ）　申告済みの会計計算期間の末日の翌日を初日とし新たな残余財産
　　　　確定日を末日とする新たな会計計算期間の税務申告をする。この場
　　　　合、法人県市民税均等割の追加負担が発生する。申し出の遅れた債
　　　　権の額と法人県市民税均等割の追加負担の額の合計が残余財産の額
　　　　を上回るときは、残余財産の額から法人県市民税均等割の追加負担
　　　　の額を差し引いた額の範囲内でしか申し出の遅れた債権の弁済はで
　　　　きない。

（ウ）　追加の申告をしない。この場合において、残余財産の分配でみな
　　　　し配当が発生するときは、法人税の申告書に添付した貸借対照表と
　　　　みなし配当の支払調書の記載でつじつまの合わない部分が生じる。

　この中に正しい対応方法があるとは限らない。もしかしたら、（ア）
～（ウ）の対応はいずれも誤りで、別の正しい対応方法があるのかもし
れない。

◇◇◇　　第7章　　◇◇◇

＜ 残余財産の分配 ～ 清算結了登記 ＞

◇◇◇　　◇◇◇　　◇◇◇　　◇◇◇　　◇◇◇

　残余財産の分配から清算結了登記までの作業項目を、第7章としてまとめた。

§40　残余財産を株主へ分配

　令和3年9月16日、残余財産を株主へ分配した。その際、剰余金に対する源泉所得税を控除した。

　同日、剰余金に対する源泉所得税を納付した。

【1】　剰余金の分配にかかる源泉所得税

【1.1】　剰余金分配時の源泉所得税

　剰余金とは、小生の会社の場合、残余財産の額から資本金の額を差し引いた金額である。残余財産を株主へ分配するということは、残余財産の額が資本金の額より多い場合においては、資本金の払い戻しに加えて剰余金を株主へ分配するということである。剰余金の分配には源泉所得税がかかる（みなし配当所得。所得税法 第25条第1項第4号、第181条）。

【1.2】 源泉所得税がかかる剰余金とは

残余財産の分配に際して源泉所得税がかかる剰余金とは、一般的には、残余財産の額から「資本金等の額」（法人税法 第2条第16号、法人税法施行令 第8条）を差し引いた金額である（所得税法 第25条第1項、所得税法施行令 第61条第2項第4号）。

会社の設立時およびそれ以降も含めて、法人税法施行令 第8条第1項各号に掲げる金額を発生させることとなる行為を、過去に行なったことがない会社の場合、「資本金等の額」は、資本金の額に等しい。

それらの行為を過去に行なったことがある会社の場合、「資本金等の額」は資本金の額と異なってくるし、源泉所得税がかかる剰余金の額は会社法の規定（会社法 第446条）による剰余金の額とは異なってくることがある。そのため、源泉所得税がかかる剰余金の額を貸借対照表から計算することは一般的に可能ではなくなる。

法人税法施行令 第8条第1項に該当する行為であっても、設立または増資に際して払い込まれた資本の一部を資本準備金に組み入れて残りを資本金に組み入れる行為（会社法 第445条第3項）など、「資本金の額」と「資本金等の額」にずれを生じさせるだけで会社法による剰余金の額と税法による剰余金の額（源泉所得税がかかる剰余金の額）にずれを生じさせない行為もある。

　株式会社も有限会社も、過去に、最低資本金の引き上げが何回か行なわれた。それへの対応として、あるいは他の理由であっても、新たな出資をせずに剰余金からの振り替えで資本金を増加させたことがある場合、それによって「資本金の額」が増加しても「資本金等の額」は増加せず（法人税法施行令 第8条第1項第13号）、会社法による剰余金の額と税法による剰余金の額にずれが生じる。

【1.3】　剰余金の分配にかかる源泉所得税の税率

　剰余金の分配にかかる源泉所得税の税率は、［文献6］p.244を参照し、20.42％を適用した。上場株式等とは税率が異なる。

　上場株式等でない場合、配当等（剰余金の配当や剰余金の分配）に際して源泉徴収するのは国税分のみであり、地方税の源泉徴収はしない。

【1.4】　剰余金の分配にかかる源泉所得税の納付書

　剰余金の分配に際して使用する源泉所得税の納付書の用紙は、剰余金の配当で使用するものと同じである。法人名や税務署名、税務署番号、法人の整理番号などが印字済みのものを事前に税務署でもらっておいた。

　納付書の様式の概略を次頁に掲げる。

配当等に係る源泉所得税の納付書（様式の概略）

国税	収納金整理	資金	（納付書）	配 当 等 の所得税徴収高計算書	領 収 済 通 知 書

平成 年度	税 務 署 名	税 務 署 番 号	税務署使用欄	整 理 番 号

支払確定年 月 日	支払うべき金 額		支 払年 月 日		納期等の区分

配当等の種類	区　分	支 払 額	税　　額	支払分源泉所得税及び復興特別所得税
	非課税適用分及び上場株式等の配当等の支払の取扱者への支払分			
I	総合課税等適用分（合計）			
1 剰余金・利益の配当 2 剰余金・金銭の分配 <以下省略>	うち内国法人に対する支払分			
	支 払 未 済 金 額			

国庫金	徴収義務者	所在地　　　（電話番号 - - ） 名称　　　　　　　　　　様（御中）	本　税	
			延滞税	
	摘要		合計額	

212

　元号が「平成」となっている用紙であったが、「令和」に修正することなくそのまま使用した。

　「支払うべき金額」欄および「支払額」欄に記載するのは、株主へ分配する残余財産の額ではなく、そのうちのみなし配当の額である。「資本金等の額」に持株比率を乗じた額が整数でない株主がいる場合、その株主へのみなし配当の額を算出する際には１円未満の端数を丸める必要があるので（丸め方については、よくわからない）、各株主のみなし配当の額を全株主について合算した額は、会社の剰余金の額に一致しないことがあり得る。

　株主が２人以上いる場合、納付書に記載するべき「税額」は、「支払額」に税率を乗じた額とは一致しないことがあり得る。株主毎にみなし配当の金額を計算し、税率を乗じて１円未満の端数を切り捨てて株主毎の源泉所得税の額を求め、それを全株主の分、合算した金額が、納付書に記載するべき「税額」である。

　「配当等の種類」欄には「１」と記入する。解散による剰余金の分配は、剰余金の配当（所得税法 第24条第１項）とみなされるので（所得税法第25条第１項第４号）、「２ 剰余金・金銭の分配」でなく、「１ 剰余金・利益の配当」が該当する。

　納付書の書き方については、納付書のうら面に多少の説明はあるが、

国税庁のウェブサイトの「納付書の記載のしかた（配当等の所得税徴収高計算書）」というページにもう少しくわしい説明がある。

【1.5】 剰余金の分配にかかる源泉所得税の納付期限

剰余金の分配にかかる源泉所得税の納付期限は、支払日の翌月10日である（支払確定日から1年以内に支払いがされなかった分については、その1年を経過した日の翌月10日である。所得税法 第181条）。

【2】 所得税の確定申告による精算

【2.1】 みなし配当所得

剰余金の分配を受けた株主（§41【4】で支払通知書を会社から交付される）は、所得税の確定申告において、それを配当所得として申告することができる（みなし配当所得）。所得税の確定申告をする義務の有無については他の所得との合計金額などによる。

所得税の確定申告をする場合において、「少額配当等の確定申告不要制度」（租税特別措置法 第8条の5第1項第1号）を選択することができるか否かを判定するための計算で用いる「配当計算期間の月数」は、解散にともなう剰余金の分配では常に12ヵ月とみなされる（租税特別措置法施行令 第4条の3第4項）。

非上場会社からの配当所得を申告する場合は総合課税になる（解散前に、何年かかけて剰余金を毎年少しずつ配当しておけば、総合課税の適用税率を低

く抑えることができる。解散後は、会社法 第509条第1項第2号の規定により、剰余金の配当｛会社法 第2編第5章第4節｝が禁止される）。配当所得は所得税の源泉徴収をされているので、申告する義務がないときでも、申告すれば、源泉徴収された税額の一部または全部について還付を受けることのできる場合がある。

【2.2】 みなし譲渡損益

残余財産の分配を受けた株主は、分配を受けた額（租税特別措置法 第37条の10第3項第4号）のうち剰余金として分配を受けた額（所得税法 第25条第1項第4号、所得税法施行令 第61条第2項第4号）を差し引いた額が株式の譲渡対価とみなされる（租税特別措置法 第37条の10第3項）。

譲渡対価が株式の取得費を上回るか下回るかによって、譲渡損益（みなし譲渡損益）が発生する。上場株式等でない場合、この譲渡損益は「一般株式等の譲渡」として申告分離課税の対象になる。

【2.3】 みなし配当所得とみなし譲渡損益の関係

一般株式等の譲渡損益は、同一年内の他の一般株式等の譲渡損益との間で損益通算することはできるが、上場株式等の譲渡損益との間で損益通算することはできない。配当所得との間で損益通算することもできない。また、損失を翌年に繰り越すことはできない。

つまり、残余財産の分配によってみなし配当所得とみなし譲渡損を同

時に生じることがあるが、上場株式等でない場合、確定申告によってこのふたつの間で損益を通算することはできない。

　分配された残余財産の中に剰余金が含まれている場合で、1株当たりの残余財産分配額が株式を取得した際の1株当たりの取得費に等しいとき、みなし配当所得と等しい額のみなし譲渡損が発生する。

　このとき、実質的には利益も損失も発生していないのであるが、上場株式等でなく、同一年に他の一般株式等の譲渡益がない場合、利益が発生したものとみなされてみなし配当所得に課税され、みなし譲渡損は税額に反映されない。

　そのため、剰余金が大きなプラスとなっている非上場会社の株式を共同出資者（共同設立者や共同相続人など）から時価（解散価格）で買い取ろうとするときは、事前に、配当などによって剰余金を減らしておいたほうがいい。そうしないと、1株当たりの剰余金について、譲渡人が売買時に（譲渡所得として）課税されていても、譲受人が残余財産分配時に（みなし配当所得として）課税される、という二重課税になる。

【2.4】　相続税と所得税の関係
　相続した会社を一定の期間内に清算する場合、租税特別措置法 第9条の7（相続財産に係る株式をその発行した非上場会社に譲渡した場合のみなし配当課税の特例）の適用要件を満たせば、会社の剰余金に関して、相続税

と所得税の二重課税を軽減できる可能性がある。

　しかし、本書に記述している清算の方法で軽減を受けられるかどうかはよくわからない。

【3】　住民税の申告義務

　非上場会社からの配当所得は地方税を源泉徴収されていないので、分配された残余財産の中に剰余金が含まれている場合において、所得税の確定申告をしないときは、住民税の確定申告をしなければならない。

　非上場会社から分配された残余財産の中に剰余金が含まれている場合で、その剰余金の分配額に関して所得税の確定申告で「少額配当等の確定申告不要制度」を選択するとき、所得税の申告書の［住民税・事業税に関する事項］の「非上場株式の少額配当等」にその剰余金の分配額を含めなければならない（この「非上場株式の少額配当等」の欄は、総合課税の配当所得のうち、申告する配当所得と申告しない配当所得の合計金額を記載する欄であることに注意）。

【4】　株主にかかる公租公課

　会社から分配された残余財産の中に剰余金が含まれている場合、株主にはいろいろと公租公課がかかる。

　どんな公租公課がかかるかや、その税率、料率については、株主の年

令、居住地、所得の金額、などによって異なるが、非上場会社からの配当所得で、「少額配当等の確定申告不要制度」を選択し、国民健康保険に加入していて、年令が40才以上65才未満の場合、およそ次のようになる（国民健康保険料の料率は、自治体により、また年度により、下記とは大きく異なることがある）。

　　　○　源泉所得税　　　　　　　　　　20.42%

　　　○　住民税　　　　　　　　　　　　7.20%

　　　○　国民健康保険料　医療分　　　　7.41%程度（上限あり）

　　　○　国民健康保険料　支援金分　　　2.35%程度（上限あり）

　　　○　国民健康保険料　介護分　　　　2.58%程度（上限あり）

　　　◎　[　公租公課の合計　]　　　　　39.96%程度

　住民税の税率7.20%は、課税所得金額が１千万円を超えない部分についての配当控除適用後の標準税率である。課税所得金額が１千万円を超える部分についての配当控除適用後の標準税率は8.60%である（地方税法 附則第５条第１項第１号、第３項第１号）。

　国民健康保険料には金額の上限がある。国民健康保険料の上限は、自治体により、また年度によって異なる。

　国民健康保険および後期高齢者医療保険は、残余財産の分配があった年の１月〜12月の所得の情報が、翌年４月〜翌々年３月の保険期間に対する保険料の算定に用いられる。

§41 剰余金分配の支払調書を税務署へ提出

令和３年９月17日、剰余金分配の支払調書およびその合計表を税務署へ提出した。

【１】 剰余金分配の支払調書の提出義務

分配した残余財産の中に剰余金が含まれている場合、剰余金分配の支払調書を税務署へ提出しなければならない。

剰余金分配の支払調書の提出期限は、支払確定日（無記名株式の場合は支払日）の１ヵ月後である（所得税法 第225条第１項）。

みなし配当の金額（２回以上に分割して残余財産の分配をした場合は累計額）が１万５千円以下の株主に関しては、支払調書の提出を要しない（所得税法施行規則 第83条第２項第３号）。

提出の要否は累計額によって決まるので、例えば、３回に分割して、１回目のみなし配当が１万円、２回目が６千円、３回目が３千円の株主に関しては、１回目は提出を要せず、２回目および３回目はそれぞれ提出を要することになる（残余財産の各回の分配額のうちのみなし配当の比率は、原則として、毎回同じである。この比率が１割である場合において、残余財産の分配総額が19万円である株主に、10万円、６万円、３万円と３回に分けて残余財産の分配をしたとき、各回のみなし配当は、１万円、６千円、３千円となる）。

【2】 支払調書の様式の入手

　解散による剰余金分配の支払調書およびその合計表の様式は、剰余金の配当で使用するものとは異なり、「配当等とみなす金額に関する支払調書」および「配当等とみなす金額に関する支払調書合計表」という様式を用いる。国税庁のウェブサイトから様式をダウンロードすることができる。

【3】 支払調書および合計表の様式について

　支払調書の様式の概略を次頁に掲げ、支払調書合計表の様式の概略を次々頁に掲げる。

配当等とみなす金額に関する支払調書（様式の概略）

令和　　年分　配当等とみなす金額に関する支払調書（支払通知書）						
支払を受ける者	住所（居所）又は所在地					
	氏名又は名称			個人番号又は法人番号		
交付する金銭及び金銭以外の資産の価額				1株又は出資1口当たりの資本金等の額又は連結個別資本金等の額から成る部分の金額	1株又は出資1口当たりの配当等とみなされる金額	
1 株 又 は 出 資 1 口 当 た り の 額						
金　銭	金銭以外の資産の価額		計			
	株式又は出資	その他の資産				
円　　銭	円　　銭	円　　銭	円　　銭	円　　銭	円　　銭	
支払確定又は支払年月日		株式の数又は出資の口数		配当等とみなされる金額の総額	源泉徴収税額	
年　　月　　日						

（摘要）　**残余財産の分配**

支払者	所在地				
	名　称	（電話）		法 人 番 号	
支払の取扱者	所在地				
	名　称	（電話）		法 人 番 号	
整　理　欄	①		②		

配当等とみなす金額に関する支払調書合計表（様式の概略）

令和　　年分　配当等とみなす金額に関する支払調書合計表

令和　　年　月　日提出	提出者 所在地 / 電話 / 法人番号 / フリガナ 名　称 / フリガナ 代表者 氏　名	整理番号
税務署長　殿		調書の提出区分 新規＝1追加＝2 訂正＝3無効＝4 ／ 提出媒体 ／ 本店一括
		作成担当者
		作成税理士 署　名
		支払確定年月日

区　　　分		みなし配当の総額（支払調書提出省略分を含む。）				左のうち、支払調書を提出するものの合計			
		株主数（出資者数）	株数又は出資の口数	配当とみなされる金額	源泉徴収税額	株主数（出資者数）	株数又は出資の口数	配当とみなされる金額	源泉徴収税額
居住者又は内国法人に支払うもの	一　般　分								
	非課税分								
非居住者又は外国法人に支払うもの	課税分 一般分								
	課税分 軽減分								
	非課税又は免税分								
計			旧 株(口) 新 〃				旧 株(口) 新 〃		

摘　　要	1株(口)当たり配当とみなされる金額 円	

○　提出媒体欄には、コードを記載してください。（電子＝14、FD＝15、MO＝16、CD＝17、DVD＝18、書面＝30、その他＝99）

222

国税庁のウェブサイトからダウンロードした支払調書の様式のPDFの2頁目〜3頁目および支払調書合計表の様式のPDFの2頁目にそれぞれ記載要領が書かれている。

解散にともなう残余財産分配によって発生したみなし配当の場合は、支払調書の「摘要」欄に「残余財産の分配」と記載する（支払調書の記載要領（備考）第2項（9））。

【4】 支払通知書について

分配した残余財産の中に剰余金が含まれている場合、支払通知書を作成して株主に交付しなければならない（所得税法 第225条第2項第2号）。

支払調書の様式を用いて支払通知書とすることができるが、その場合、支払を受ける者の「個人番号又は法人番号」は記載しない（所得税法施行規則 第92条第1項）。

この支払通知書には、所得税または住民税の確定申告をする際に必要となる情報が記載されている。

支払通知書を申告書に添付する義務は撤廃されたが、通常の配当所得と比べてわかりにくい配当所得であるので、小生はこの支払通知書を申告書に添付した。

§42 残余財産の分配完了日までの決算報告を作成

　令和3年9月17日、清算事務が終了したことによる決算報告を作成した。

【1】　清算事務が終了したことによる決算報告の作成義務

　清算会社は、清算事務が終了したときは決算報告を作成しなければならないこととされている（参考文献：［文献1］p.10～11、［文献2］p.73,77,111～112,122～123,135～136,141、［文献3］p.43～44、［文献4］p.44～45、［文献8］p.38～39,88～89。根拠法条：会社法 第507条第1項、会社法施行規則 第150条）。

　清算事務が終了したときの決算報告について、［文献2］p.122～123およびp.135では、「解散の日の翌日から残余財産確定の日までを期間として作成される」としている。しかし、小生はこの見解に賛同しない。

　清算中の損益は残余財産確定の日に確定しているが、この決算報告の目的は、損益を明らかにすることでなく、収支を明らかにすることであり、残余財産確定の翌日以降も収支は発生することがあるから。

　残余財産確定の日に未回収であった債権が、残余財産確定の翌日以降、清算事務終了の日までに回収された場合は、それを収入として決算

報告に計上するべきであると考える。

　もし、残余財産確定の翌日以降、清算事務終了の日までに、源泉所得税の過納分について会社が還付を受けて給与所得者に交付した場合、決算報告の収入と支出の両方に還付金額を計上するべきであると考える。

　［文献10］《書名等は§18【7】に記載》p.438下から6行目では、「決算報告の対象期間は，清算開始時から清算事務終了時までとなる」としている。

　この決算報告は、清算結了登記を申請する際に、決算報告承認の株主総会議事録とともに必要となる。

　作成した決算報告を次頁～次々頁に掲げる。

決算報告

　当会社は令和3年5月31日をもって解散し、清算を進めていたところでありますが、このたび、残余財産の分配を完了して清算事務が終了しましたので、以下の通り、清算事務の決算を報告いたします。

一　債権の取立て、資産の処分その他の行為によって得た収入の額（対象期間はR3.6.1〜R3.9.16）
　　　　・預金の利息　　　　　　　　　NN円
　　　　・法人税の還付金　　　　　　　N円
　　　　　合　　計　　　　　　　　　NN円

二　債務の弁済、清算に係る費用の支払その他の行為による費用の額
　　　　・債務の弁済　　　　　　　NNN,NNN円
　　　　・清算中の法人県市民税　　7,600円
　　　　・清算手続きの諸費用　　　8,534円
　　　　・清算人報酬　　　　　　　NNN,NNN円
　　　　　合　　計　　　　　　　NNN,NNN円

三　残余財産の額（支払税額がある場合には、その税額及び当該税額を控除した後の財産の額）
　　　　・税引き前　　　　　　　　N,NNN,NNN円
　　　　・源泉所得税の額　　　　　NNN,NNN円
　　　　・税額控除後の額　　　　　N,NNN,NNN円

四　一株当たりの分配額（種類株式発行会社にあっては、各種類の株式一株当たりの分配額）
　　　　・一株当たりの分配額　　　　　N,NNN.NNNN円（税引き前）
　　　　　（当会社は種類株式を発行していない。）
　　　　・残余財産の分配を完了した日　　令和3年9月16日
　　　　・残余財産の種類　　　　　　　金銭

226

令和３年９月１７日
　　△△△△有限会社
　　清算人　△△△△△

第５章

債務の弁済、資産の換価、
残余財産の確定

第６章

残余財産確定日までの
会計の税務処理

第７章

〜清算結了登記
残余財産の分配

第８章

清算結了登記の後

【2】　清算事務が終了したとみなすべき要件

　決算報告を作成するのは「清算事務が終了したとき」（会社法 第507条第１項）とされているが、「清算事務が終了したとき」というのがどのような時を指すかと言えば、決算報告の内容として、「残余財産の分配を完了した日」を記載しなければならない（会社法施行規則 第150条第２項第１号）とされていることからして、分配完了日より前ではあり得ない。

　一方、「清算事務が終了」の要件として、債務の弁済や費用の支払いがすべて完了していなければならないというものではない。債務や費用の中には、性質上、清算事務終了の後に支払時期の到来するものがある。例えば、清算結了登記後に支払う清算人報酬や清算結了登記後の登記事項証明書の取得費がそうである。清算事務終了より前に支給した給料にかかる源泉所得税も、清算事務終了より後に支給する給料にかかる源泉所得税と納付期限が同一であるときは、未納付でも「清算事務が終了したとき」の未到来の理由としなくていいのではないかと思う。

　債権についても、税金の還付金や普通預金の経過利息（残余財産確定日までの経過利息）は、未回収であっても、「清算事務が終了したとき」の未到来の理由としなくていいと思う。

　小生は、残余財産の分配完了でもって「清算事務が終了」とみなすか、未還付税金の還付入金を待つか、迷ったが、未還付税金の額がわずかであり、その入金を待たなくても清算結了登記の申請費用を支出する

のに支障がないことを勘案し、残余財産の分配完了で「清算事務が終了」とした。

【3】　決算報告における収入の計上基準

　決算報告に記載する収入の額は、「債権の取立て、資産の処分その他の行為によって得た収入の額」である（会社法施行規則 第150条第1項第1号）。

　「債権の取立て、資産の処分その他の行為によって得た収入」なので、この「収入」には、金銭債権の回収によって得た金銭や金銭以外の財産の処分による対価として得られた金銭を含むと解するべきである。

　また、「得た収入の額」なので、清算事務終了の時点での未収金は含めない。解散日の翌日から清算事務が終了した日までの期間中に得た収入の額を記載するべきである。

　記載する収入の額は一定の期間に得た収入の額であるから、その期間がいつからいつまでかを明らかにするために、期間の記載をするべきであると考え、対象期間の記載をした。

【4】　決算報告における費用の計上基準

　決算報告に記載する費用の額は、「債務の弁済、清算に係る費用の支払その他の行為による費用の額」である（会社法施行規則 第150条第1項第2号）。

清算事務が終了した日までに支出したものに限定することなく、解散した日の翌日以降、現在までに支出した費用と今後支出する費用の合計を記載するべきである。

　記載する費用の額は一定の期日までに支出した費用に限定されないのであるから、対象期間の記載はしていない。

【5】　収入と費用と残余財産の関係

　決算報告で、収入に計上した法人税の還付金は、解散日を末日とする会計計算期間に関するものである。

　解散日の翌日から残余財産確定日までの会計計算期間に関する法人税の還付金は、残余財産の分配完了日までに入金されなかったので、収入に計上していない。

　したがって、解散時の現金預金の額に収入の額を加算して費用の額を減算した額は、残余財産の額に一致しない。しかし、清算結了登記の申請書に添付する書類には解散時の現金預金の額に関する情報を記載したものがないので、この不一致が問題になることはない。

　このような未収金がなければ、解散時の現金預金の額に収入の額を加算して費用の額を減算した額は、原則として、残余財産の額に一致するはずである。

【6】 清算人会設置会社である場合

　小生の会社は該当しないが、清算会社が清算人会設置会社である場合は、清算事務が終了したことによる決算報告を、株主総会へ提出する前に、清算人会で承認しなければならない（会社法 第507条第2項、第3項）。

【7】 監査役がいる場合

　小生の会社にはいないが、監査役がいる場合であっても、清算事務が終了したことによる決算報告については、株主総会へ提出する前に監査役の監査を受ける必要がない（会社法 第507条第3項）。

§43　清算事務の終了を株主総会で承認

　令和3年9月18日、株主総会を開催して決算報告を承認した。

　清算事務が終了したことによる決算報告は、株主総会の承認を受けなければならない（会社法 第507条第3項）。

　清算事務終了の決算報告を承認する株主総会の決議は、会社法 第309条第2項、第3項、第4項に掲げられていないので、同条第1項の普通決議である。定款に特に定めがなければ、行使することができる議決権の過半数に相当する株主が出席してその出席した株主の議決権の過半数の賛成で可決となる。

株主総会で決算報告の承認のあった日が、清算結了の日となる（会社法 第929条第１号）。

　決算報告の承認をした株主総会の議事録は、法務局のウェブサイトに登載されている有限会社用の清算結了登記申請書類の記載例を利用して作成した。この議事録は、清算結了登記の申請で必要になる（商業登記法 第75条）。

　その議事録を次頁に掲げる。

令和３年９月１８日の株主総会の議事録

株主総会議事録

　令和３年９月１８日　午後５時３０分から，当会社の本店において，株主総会を開催した。

株主の総数	○名
発行済株式の総数	３０００株
議決権を行使することができる株主の数	○名
議決権を行使することができる株主の議決権の数	３０００個
出席株主数（委任状による者を含む。）	○名
出席株主の議決権の数	３０００個

　出席清算人　△△△△△（議長 兼 議事録作成者）

　以上のとおり株主の出席があったので，清算人 △△△△△は議長席につき，本株主総会は適法に成立したので開会する旨を宣言し，直ちに議事に入った。

　　　第１号議案　清算事務の決算報告承認の件

　議長は，清算事務の経過および別紙決算報告の内容を説明した。株主から特に質問はなく，決算報告の内容について，承認を求めたところ，満場異議なくこれを承認した。

　議長は，他に決議すべき事項のないことを確認の上，午後５時５０分閉会を宣言した。

　上記の決議を明確にするため，この議事録を作成する。

　　令和３年９月１８日

　　　　　　　△△△△有限会社 株主総会
　　　　　　　　議事録作成者　清算人　△△△△△

§44 清算結了登記を申請

令和3年9月21日、清算結了登記を申請した。

【1】 清算結了登記の申請期限

清算が結了したら、清算結了の日から2週間以内に清算結了登記の申請をしなければならない（会社法 第929条）。

清算結了の日とは、清算事務が終了したことによる決算報告を承認する決議が株主総会でなされた日である（会社法 第929条第1号）。

解散の登記をしてから10年以内に清算結了の登記が申請されないときは、登記官が職権で登記記録を閉鎖してよいことになっている（商業登記規則 第81条）。

【2】 清算結了登記の申請書類

清算結了登記の申請書類は、法務局のウェブサイトに登載されている有限会社用のものを利用して作成し、以下の順に並べた。

① 登記申請書
② 印紙貼付台紙
③ 登記すべき事項の別紙
④ 株主総会議事録
⑤ 決算報告

⑥　株主リスト

　登記申請書と印紙貼付台紙をのりで接着して契印した。印紙貼付台紙には、２千円分の収入印紙をのりで貼り付けた。

　登記すべき事項の別紙は、やや厚めの用紙（0.10mm,81g/m²）を使用した。

　株主総会議事録は、前々頁に掲載したものである。決算報告は、９頁前～８頁前に掲載したものである（本書では２頁にまたがって収録しているが現物は１頁物である）。

　作成日付は、決算報告が９月17日、株主総会議事録が９月18日、株主リストは９月19日とした。

　株主総会議事録および決算報告には認め印を押印し、株主リストには申請書と同一の印を押印した。

　株主総会議事録と決算報告をのりで接着した。契印はしていない。

　添付書類の原本還付は請求しないことにした。株主総会議事録も決算報告も何通でも作れるので。

申請書類全体を１個のホッチキスで綴じた。

　申請書類のうち、登記申請書、登記すべき事項の別紙、および株主リスト、を以下で順次掲載するが、まず、登記申請書を次頁〜次々頁に掲げる。

令和3年9月21日申請の登記申請書

受付番号票貼付欄

特例有限会社清算結了登記申請書

1. 会社法人等番号　　○○○○-02-○○○○○○

　　フリガナ　　　　　△△△△△△△△
1. 商　　号　　　　　△△△△有限会社

1. 本　　店　　　　　△△△市△△区△△○丁目○○番○○号

1. 登記の事由　　　　清算結了

1. 登記すべき事項　　別紙の通り

1. 登録免許税　　　　金2,000円

1. 添付書類
　　株主総会議事録　　　　　　　　　　　　　　　　　　　1通
　　株主の氏名又は名称，住所及び議決権数等を証する書面（株主リスト）1通

上記のとおり，登記の申請をします。

　　令和3年9月21日

　　　　　　△△△市△△区△△○丁目○○番○○号
　　　　　　申請人　　　△△△△有限会社

　　　　　　△△△市△△区△△○丁目○○番○○号
　　　　　　清算人　　　△△△△△

連絡先の電話番号〇〇〇－〇〇〇－〇〇〇〇

△△△法務局　　　　御中

【3】 登記申請書の宛名の登記所名について

支局管轄または出張所管轄の場合は、登記申請書の宛名として、法務局または地方法務局の名称に加えて、支局または出張所の名称も記載しなければならない。

【4】 登記すべき事項について

今回提出した登記すべき事項の別紙を次頁に掲げる。

令和３年９月21日申請の登記すべき事項の別紙

別紙（登記すべき事項）

「登記記録に関する事項」令和３年９月18日清算結了

【5】　添付書類の一覧について

登記申請書には添付書類の一覧を記載するが、決算報告は、登記申請書の直接の添付書類でなく、登記申請書に添付する株主総会議事録の添付書類であるので、添付書類の一覧には記載していない。

法務局のウェブサイトに登載されている申請書類の記載例でも添付書類の一覧に決算報告を記載していない。［文献2］p.80の記載例および［文献3］p.29 ～ 30の記載例も同様である。

［文献8］p.54の登記申請書記載例では、添付書類の一覧に決算報告を記載している。

【6】　株主リストについて

清算結了の登記は、株主総会の決議を要する事項であるので、登記申請書に株主リストを添付しなければならない（商業登記規則 第61条第3項）。

制度の創設（平成28年10月1日）から日が浅いので、文献によっては、清算結了登記の申請書に記載する添付書類の一覧に株主リストが記載されていない（［文献2］p.80、［文献8］p.54）。［文献3］p.30では記載されている。

今回提出した株主リストを次頁に掲げる。

令和３年９月21日提出の株主リスト

株主の氏名又は名称，住所及び議決権数等を証する書面（株主リスト）

証　明　書

次の対象に関する商業登記規則61条２項又は３項の株主は次のとおりであることを証明する。

対象	株主総会等又は総株主の同意等の別	株主総会
	上記の年月日	令和３年９月18日
	上記のうち議案	全議案

	氏名又は名称	住所	株式数(株)	議決権数	議決権数の割合
１	△△△△△	△△△市△△区△△○丁目○○番○○号	3000	3000	100.0%

令和３年９月19日
△△△△有限会社
清算人　△△△△△

	合計	3000	100.0%
	総議決権数	3000	

株主リストに記載する株主の範囲は、解散登記の場合（§16【8】）と同じである。解散の決議は株主総会の特別決議であり、決算報告承認の決議は株主総会の普通決議であるが、特別決議であるか普通決議であるかによって株主リストに記載するべき株主の範囲にちがいはない。

【7】 申請書類の補正

決算報告で、「一株当たりの分配額」には、「残余財産の額」を「発行済み株式の総数」で除した金額を記載するべきところ、まちがえて、「剰余金の額」を「発行済み株式の総数」で除した金額を記載していた。

このため9月24日に登記所から連絡があり、補正に行ってきた。議事録と決算報告をのり付けして提出していたので、議事録も再印刷して修正後の決算報告とのり付けして登記所へ持参し、差し替えた。

◇◇◇　　第8章　　◇◇◇

＜ 清算結了登記の後 ＞

◇◇◇　◇◇◇　◇◇◇　◇◇◇　◇◇◇

清算結了登記の完了後に実施した作業項目を、第8章としてまとめた。

§45　清算結了登記後の登記事項証明書を取得

　令和3年9月28日、登記所へ行き、清算結了登記後の登記事項証明書（閉鎖事項全部証明書）を取得した。

　証明書発行請求機で登記事項証明書の発行を請求する際、印鑑カードで請求できるか試したところ、カードの読み取りまではできたが請求したい証明書の種類を選択すると「お持ちの印鑑カードはご使用になれません。」というエラーメッセージが出て請求できなかった。

　会社法人等番号を入力して請求した。

§46　県税事務所へ清算結了を届け出

　令和3年9月30日、登記事項証明書のコピーを添付して、清算結了報告書を県税事務所へ提出した。

県税事務所へ提出した清算結了報告書の記載内容を次頁に掲げる。

県税事務所へ提出した清算結了報告書（記載した内容）

清　算　結　了　報　告　書

年　　月　　日

△△県　　　　　県税事務所長殿

〒○○○−○○○○

本店 又は 本社
所　在　地　　　△△△市△△区△△○丁目○○−○○

（電話 ○○○−○○○−○○○○）

〒

県内にある主たる
事務所等 所在地　　　　　　同　上

（電話　　　−　　　−　　　）

（フリガナ）　△△△△△△△ユウゲンガイシャ
法 人 の 名 称　△△△△有限会社

法 人 番 号　○○○○０００２○○○○○○

（フリガナ）　△△△△△△△
清 算 人 氏 名　△△△△△

下記のとおり、清算結了しました。

解　　散　　年　　月　　日	令和　3　年　5　月　31　日	
残 余 財 産 確 定 の 日	令和　3　年　8　月　23　日	
清 算 結 了 年 月 日	令和　3　年　9　月　18　日	
清算人	住　　　　所	△△△市△△区△△○丁目○○−○○ （電話 ○○○−○○○−○○○○）
	氏　　　　名	△△△△△
清 算 結 了 後 の 連 絡 先		
関 与 税 理 士 の 住 所 及 び 氏 名		

（添付書類）
　登記事項証明書（履歴事項全部証明書）の写し

247

小生の会社の所在県の清算結了報告書の様式では、添付書類の欄に登記事項証明書の種類として「履歴事項全部証明書」と書かれているが、実際には「閉鎖事項全部証明書」である。

§47　市税事務所へ清算結了を届け出

　令和３年10月１日、清算結了登記後の登記事項証明書のコピーを添付して、「法人の異動届出書」を市税事務所へ提出した。清算結了の届け出である。

　市税事務所へ提出した「法人の異動届出書」の記載内容を次頁に掲げる。

清算結了について市税事務所へ提出した「法人の異動届出書」（記載した内容）

法 人 の 異 動 届 出 書

令和　年　月　日	本店所在地	△△△市△△区△△○丁目○○－○○	代表者	住所	△△△市△△区△△○丁目○○－○○
	市内の主たる事務所、事業所又は寮等の所在地	同　上		氏名	△△△△△
（宛先） △△△市 市税事務所長	フリガナ	△△△△△△△△ユウゲンガイシャ	この届出書に応答する係、氏名及び電話番号		
	法人名	△△△△有限会社			

異 動 年 月 日	令和　3　年　9　月　18　日
登 記 年 月 日	令和　3　年　9　月　21　日

異　動　事　項	異　　　動　　　前	異　　　動　　　後
	＜　途中省略　＞	
解散、 清算結了 破産、破産終結 その他の事由		
	＜　途中省略　＞	

添付書類	1．定款の写し ②．登記事項証明書の写し 3．その他参考資料	摘要		関与税理士氏名	

§48　税務署へ清算結了を届け出

　令和３年１０月４日、清算結了登記後の登記事項証明書のコ
ピーを添付して、異動届出書を税務署へ提出した。清算結了の
届け出である。

　税務署へ提出した異動届出書の記載内容を次頁に掲げる。

清算結了について税務署へ提出した異動届出書（記載した内容）

異動届出書

（☑　　法人税　　　□　　消費税）

令和　年　月　日 　　　　　　　　税務署長殿 次の事項について異動 したので届け出ます。	提出法人 ☑ □ □ □ □ 単体法人	（フリガナ） 本店又は主たる事務所の所在地	△△△△△△△△△△△△ 〒○○○－○○○○ △△△市△△区△△○丁目○○－○○ 電話（○○○）○○○－○○○○
		（フリガナ） 納　税　地	同　上
		（フリガナ） 法 人 等 の 名　　　称	△△△△△△△ユウゲンガイシャ △△△△有限会社
		法 人 番 号	○○○○○○２○○○○○○
		（フリガナ） 代 表 者 氏 名	△△△△△△△ △△△△△
		（フリガナ） 代 表 者 住 所	△△△△△△△△△ 〒○○○－○○○○ △△△市△△区△△○丁目○○－○○

異動事項等	異　動　前	異　動　後	異動年月日 （登記年月日）
清算結了			R3.9.18 （R3.9.21）

＜　以下、省略　＞

消費税課税事業者選択不適用届出書を提出済みであり、最後の消費税の申告および納付も済んでいるので、清算結了にともなう異動届出書の届出対象の税目としては、［法人税］のみにチェックを入れ、［消費税］にはチェックを入れなかった。

　税務署への届け出においては、登記事項証明書のコピーを添付しなくてもよいのであるが、効率を考えて添付した。

§49　清算人報酬を支払い

　令和３年10月12日、清算人の報酬について、給与所得の源泉所得税を控除した金額を支払った。

　同日、給与所得の源泉所得税を納付した。

【1】　清算人への支払い

　清算人への支払いの一部は預金口座からの振り込みで支払い、残りを現金で支払った。

　会社名義の口座と清算人個人の口座は同一の金融機関にあるが、支払いの証拠を残すため、振り替えでなく振り込みを利用した。

　この支払いおよび源泉所得税の納付により、会社の資産は、現金、預

金、および法人税の還付予定を合わせて60円となった。この60円は還付金の入金後に残りの手続きで使う。

【2】 源泉所得税の納付

清算人報酬には、§39【5】で書いたとおり、給与所得の源泉所得税がかかる。

給与所得には給与と賞与があるが、今回は、§39【5】で書いたとおり、給与として源泉所得税の税額を算定しなければならない。そのため、月給ではないのだが、月給と同じように月額表を用いて税額を算定した。

支給時期が12月でないので、年末調整はしていない。

源泉所得税の納付書（給与所得・退職所得等の所得税徴収高計算書）に記載した内容を次頁に掲げる。

令和３年後半分／給与所得の所得税徴収高計算書（納付書）（記載した内容）

国税 収納金 整理 資金 （納付書）	給与所得 退職所得等の 所得税徴収高計算書	領収済通知書

令和 年度 ０３	税 務 署 名 △△△△△	税 務 署 番 号 ○○○○○○	税務署使用欄 ○○○	整 理 番 号 ○○○○○

区　分	支 払 年 月 日	人　員	支 給 額	税　額	納 期 等 の 区 分
俸給・給料等 （01）	令和 年 月 日 ～ 月 日 03 10 12	人 １	円 ○○○○○	円 ○○○○	令和 年 月 自03 07
賞与（役員賞 与を除く） （02）					
日雇い労務者 の賃金 （06）					至03 12
退職手当等 （07）					支払分源泉 所得税及び 復興特別所 得税
税理士等の報 酬 （08）					
役員賞与 （03）					

同上の支 払確定年 月日		年末調整に よる不足税 額	

国 庫 金	徴 収 義 務 者	住所 （所在地）　　　（電話番号 ○○○-○○○-○○○○） 　　△△△△△ △△△ △△△△△ 0-○○-○○ 氏名 （名称） 　　△△△△△△△△△ ユウゲンガイシャ　　　様（御中）	年末調整に よる超過税 額	
			本　　税	○○○○
			延 滞 税	
	摘 要		合 計 額	￥○○○○

254

§50　預金口座を解約

　令和3年11月18日、会社名義の普通預金口座を解約した。

　解散日の翌日から残余財産確定日までの会計計算期間の所得に対する法人税の還付金が、10月26日に会社の普通預金口座へ入金された。これにより、口座を残しておく必要性は終了したので、預金口座を解約した。

　普通預金の解約にともなって、若干の解約利息が発生した。この解約利息は、5月14日の株主総会決議（§13に議事録を掲載）に基づき、清算人の利得とした。

§51　給与支払報告書を
　　　　　市町村の特別徴収センターへ提出

　令和3年11月29日、給与支払報告書の個人別明細書および総括表を市町村の特別徴収センターへ提出した。

【1】　給与支払報告書の用紙の入手

　給与支払報告書の用紙は、10月20日に、市町村の特別徴収センターから郵便で送られてきた。例年は、10月26日〜11月7日ごろに税務署から届く年末調整関係の書類一式の封筒の中に市町村の特別徴収センターの封筒が同封されているが、今年は単独で送られてきた。

【２】　個人別明細書の記載上の留意点

「支払金額」には取締役としての報酬と清算人としての報酬の合計を記載した。

最後に報酬を支払った日が10月12日であり、12月でないので、年末調整をしていない。年末調整をしていないので、「給与所得控除後の金額」および「所得控除の額の合計額」は記載しないこととした。特別徴収センターから送られてきた「給与支払報告書の作成と提出の手引き」にはそういう注意事項の記載がないが、前年に税務署から送られてきた「給与所得の源泉徴収票等の法定調書の作成と提出の手引」p.4～5によれば、これらの項目は「年末調整をした受給者のみ」が記載の対象である。

退職年月日を記載する欄がある。令和３年９月18日（清算結了の日）でよいとは考えたが、令和３年11月18日（預金口座の解約をした日）を退職日として記載した。清算結了で会社の法人格が消滅すれば退職になると考えることもできるが、預金口座の解約は代表権の行使であるのでその時点までは在職していると考えた。給与支払報告書の提出が済んでも清算人の任務は終了しないので、厳密にはまだ退職していないのであるが、給与を受けることはもうないので、退職したことにしないとまずいであろう。

清算人を無報酬とした場合は、解散した日を退職年月日として個人別

明細書に記載すればいいと思う。

§52　給与所得等の法定調書および
　　　給与支払事務所等の廃止届出書を税務署へ提出

　令和３年11月30日、給与所得等の法定調書および給与支払事務所等の廃止届出書を税務署へ提出した。

【１】　給与所得等の法定調書の用紙の入手

　例年は年末調整関係の書類一式が税務署から10月26日〜11月７日ごろに送られてくるのだが、今年は送られてこなかった。

　「給与所得の源泉徴収票」の用紙は市町村の特別徴収センターから送られてきた給与支払報告書の用紙に複写式でくっついている。それ以外に必要な用紙は国税庁のウェブサイトから様式をダウンロードして印刷した。

【２】　提出した法定調書の種類

　提出した法定調書は以下の３種類である。

　　○　給与所得の源泉徴収票等の法定調書合計表

　　○　給与所得の源泉徴収票

　　○　不動産等の売買又は貸付けのあっせん手数料の支払調書

法定調書合計表で、署番号および会社の整理番号は前年のものを書き写した。また、今回が最後の提出なので、「翌年以降送付否」の欄にマークした。

　あっせん手数料の支払調書を提出したのは、本年2月に不動産の売却をした際に不動産業者に仲介手数料を支払ったからである。

【3】　給与支払事務所等の廃止届出書の作成

　会社が清算結了して給与（所得税法 第28条第1項）の支払いをしなくなったときは、「給与支払事務所等の廃止届出書」を税務署へ提出しなければならない（参考文献：［文献4］p.50 ～ 51、［文献6］p.38 ～ 39。根拠法条：所得税法 第230条、所得税法施行規則 第99条）。

　小生の会社の場合、清算結了したのは9月18日であり、最後に給与の支払いをしたのは10月12日である。このふたつの日付のうちの遅いほうの日付は10月12日である。廃止届出書は10月12日以降の日付で作成するべきことになる。

　小生は、廃止年月日を令和3年11月29日として廃止届出書を作成した。提出期限は廃止年月日の1ヵ月後である。

　提出した廃止届出書の記載内容を次頁に掲げる。

給与支払事務所等の廃止届出書（記載した内容）

給与支払事務所等の開設・移転・廃止届出書

令和　年　月　日 　　税務署長殿 所得税法第230条の規定により次のとおり届け出ます。	事務所開設者	住所又は本店所在地	〒○○○−○○○○ △△△市△△区△△○丁目○○番○○号 電話（○○○）○○○−○○○○
		（フリガナ）	△△△△△△△ユウゲンガイシャ
		氏名又は名称	△△△△有限会社
		個人番号又は法人番号	○○○0002○○○○○○
		（フリガナ）	△△△△△△△
		代表者氏名	△△△△△

| 開設・移転・廃止年月日 | 令和 3 年 11 月 29 日 |

○届出の内容及び理由

開設	□ 開業又は法人の設立
	□ 上記以外
移転	□ 所在地の移転
	□ 既存の給与支払事務所等への引継ぎ
廃止	☑ 廃業又は清算結了　　□ 休業
その他　（　　　　　　　　　　　　　）	

< 以下、省略 >

§53 印鑑登録の廃止および印鑑カードの返納

　令和３年12月10日、印鑑および印鑑カードの廃止届書を登記所へ提出し、印鑑カードを返納した。

【１】　印鑑等の廃止届出の期限

　印鑑廃止届出の根拠法令は商業登記規則 第９条第７項、印鑑カード廃止届出の根拠法令は商業登記規則 第９条の５第３項であり、いずれも特に期限は定められていない。

　印鑑カード返納の根拠法令は商業登記規則 第９条の５第５項であり、印鑑廃止の届け出または印鑑カード廃止の届け出をする際は同時に返納しなければならないこととされている。

【２】　印鑑・印鑑カード廃止届書の様式の入手

　印鑑および印鑑カードの廃止届書の様式は、法務局のウェブサイトから入手した。

【３】　印鑑・印鑑カード廃止届書の記載

　登記所へ提出した廃止届書の記載内容を次頁に掲げる。

印鑑および印鑑カードの廃止届書（記載した内容）

印鑑・印鑑カード廃止届書

※太枠の中に書いてください。

（地方）法務局　　　　支局・出張所　　　　年　　月　　日提出

□ 印鑑の廃止届出	商号・名称	△△△△有限会社		
□ 印鑑カードの廃止届出	本店・主たる事務所	△△△市△△区△△○丁目○○番○○号		
☑ 印鑑及び印鑑カードの廃止届出	印鑑提出者	資格	清算人	
（いずれかの□にレ印をつけてください。）		氏名	△△△△△	
		生年月日	大・㊇・平・西暦　　　　　　　　　○○年○○月○○日生	
（注1）	印鑑カード番号	○○○○－○○○○○○○		
登記所に提出した印鑑の押印欄	カード廃止の理由※カードのみを廃止する場合に，□にレ印をつけて下さい。	□ 亡失（なくなった）□ 汚損（著しく汚れた）□ き損（破損した）	□ その他
	申請人（注2）　☑ 印鑑提出者本人　□ 代理人			
	住所	△△△市△△区△△○丁目○○番○○号		
（印鑑は鮮明に押印してください。）	フリガナ	△△△△△△△		
	氏名	△△△△△		

＜　途中省略　＞

（注3）　印鑑カードの交付を受けている場合は，返納してください。この場合には，（注1）の押印及び（注2）の委任状は不要です。

＜　以下省略　＞

印鑑登録の廃止と印鑑カードの返納を同時にする場合は、廃止届書に押印する必要がなく、印鑑カード廃止の理由を記載する必要がない。

【4】 印鑑および印鑑カード廃止の処理

印鑑および印鑑カードの廃止届書に印鑑カードを添えて登記所の窓口へ提出したら、番号札を渡され、待合席で待つよう指示された。数分後、廃止の処理が済んだとのことで、番号札を返却して終了となった。

§54 帳簿資料の保存

清算の手続きがすべて終了したので、会社の帳簿資料を10年間保存することとした。

清算人は（裁判所が保存者を選任した場合はその者が）、清算結了登記の時から10年間、会社の帳簿資料を保存するべきこととされている（会社法第508条）。

保存するべき帳簿資料は以下のものである。
- ○　会社の帳簿
- ○　事業に関する重要な資料
- ○　清算に関する重要な資料

清算結了登記をしたのが2021年9月21日であるので、保存するべき

期間は2031年9月21日までである。

　なお、清算結了登記と同時に登記記録は閉鎖されるのであるが（商業登記規則 第80条第2項）、閉鎖された登記記録は、閉鎖された日から20年間、登記所で保存される（商業登記規則 第34条第4項第2号）。

終了、完了、満了の年月日

　いろいろな終了、完了、満了などの年月日のうち、節目と思えるものを以下に列挙する。

2021-02-28　事業を終了

2021-05-15　月給の支給が終了

　　　　　　　　　　　　　　　　………………………（第1章終了）

2021-05-31　解散

2021-06-05　財産目録等を株主総会で承認

　　　　　　　　　　　　　　　　………………………（第2章終了）

2021-06-11　各機関への解散の届け出が完了

　　　　　　　　　　　　　　　　………………………（第3章終了）

2021-07-13　解散日までの税務の申告が完了

　　　　　　　　　　　　　　　　………………………（第4章終了）

2021-08-02　債権申出期間が満了

2021-08-23　残余財産が確定

　　　　　　　　　　　　　　　　………………………（第5章終了）

2021-09-03　法人諸税の最後の申告および納付が完了

　　　　　　　　　　　　　　　　………………………（第6章終了）

2021-09-16　残余財産の分配が完了、清算事務が終了

2021-09-18　決算報告を株主総会で承認、清算が結了、法人格が消滅

2021-09-21　清算結了登記

　　　　　　　　　　　　　　　……………………………（第7章終了）

2021-10-04　各機関への清算結了の届け出が完了

2021-10-12　清算人の報酬を支払い、源泉所得税の納付が終了

2021-11-18　会社名義の預金口座を解約

2021-11-30　法定調書の提出が終了

2021-12-10　印鑑カードを返納

2031-09-21　帳簿資料の保存期間が満了

2041-09-21　登記所における閉鎖登記記録の保存期間が満了

　　　　　　　　　　　　　　　……………………………（第8章終了）

［付録２］

解散および清算に要した費用

解散および清算に要した費用は、次の４種に分類することができる。

（ア）　事業を終了してから解散するまでの会社の維持費（取締役の給料など）

（イ）　清算期間中の法人県市民税（均等割）

（ウ）　清算人の報酬

（エ）　解散および清算の諸経費

このうちの（エ）について、明細を次頁～次々々頁に示す。

解散および清算の諸経費（3分の1）

支出日	費用項目	単価	数量	金額
2019-04-18	書籍代		3	9,720
2020-09-10	個人の印鑑証明／自動車名義変更用	300	1	300
2020-09-11	会社の印鑑証明／自動車名義変更用	450	1	450
2020-09-14	自動車販売店への特定記録郵便	300	1	300
2020-10-09	自動車名義変更手数料	10,000	1	10,000
2021-04-12	郵便切手	84	10	840
2021-04-20	清算人のゴム印	825	1	825
2021-04-22	官報掲載料	39,482	1	39,482
2021-04-22	書籍代		5	16,218
2021-04-23	Ａ４コピー用紙（500枚）	360	2	720
	小　計			78,855

　消費税の課税品目については、2019年9月までは金額に消費税8％を含み、2019年10月以降は金額に消費税10％を含む。

解散および清算の諸経費（3分の2）

支出日	費用項目	単価	数量	金額
2021-05-06	個人の印鑑証明／清算人の印鑑届出用	300	1	300
2021-05-07	カラーインク	1,408	4	5,632
2021-05-07	黒インク（2本セット）	3,058	1	3,058
2021-05-07	郵便切手	84	10	840
2021-05-07	定形封筒（長形40号）		40	184
2021-05-11	収入印紙／解散登記用			39,000
2021-05-12	解散のお知らせ送付封筒のおもて面を数通ずつまとめてスキャンしてPDF化	30	4	120
2021-05-14	法人県民税の疎明資料をスキャンしてPDF化	30	2	60
2021-05-14	法人市民税の疎明資料をスキャンしてPDF化	30	2	60
	小　計			49,254

解散および清算の諸経費（3分の3）

支出日	費用項目	単価	数量	金額
2021-06-01	保険証返却の特定記録郵便	244	1	244
2021-06-02	預金通帳をスキャンしてPDF化	30	2	60
2021-06-08	預金残高証明の発行手数料	770	2	1,540
2021-06-08	残高証明をスキャンしてPDF化	30	2	60
2021-06-09	解散登記後の登記事項証明書	600	2	1,200
2021-06-09	登記事項証明書をスキャンしてPDF化	30	2	60
2021-06-09	収入印紙／弁済許可申立用	1,000	1	1,000
2021-09-16	分配金の送金手数料	550	2	1,100
2021-09-21	清算結了登記の登録免許税			2,000
2021-09-28	清算結了登記後の登記事項証明書	600	1	600
2021-09-28	登記事項証明書をスキャンしてPDF化	30	2	60
2021-10-12	清算人報酬の送金手数料	550	1	550
2021-11-29	給与支払報告書をスキャンしてPDF化	30	2	60
	小　計			8,534
	合　計			136,643

［索引］

書類の記載例または様式概略の一覧

書類の名称の後に「様式の概略」と書いてないものは書類の記載例である。

（１） 令和２年７月24日の株主総会の議事録　　p.28 ～ 29

（２） 自動車の譲渡証明書　　p.33

（３） 自動車の移転登録申請の委任状　　p.34

（４） 令和２年10月分／賞与支払届　　p.38

（５） 令和２年10月分／賞与支払届総括表　　p.39

（６） 令和２年後半分／

　　　　給与所得の所得税徴収高計算書（納付書）p.43

（７） 令和３年３月18日の株主総会の議事録　　p.48 ～ 49

（８） 消費税課税事業者選択不適用届出書　　p.54

（９） 消費税の事業廃止届出書（様式の概略）p.56

（10） 投稿した解散公告文　　p.61

（11） 令和３年５月14日の株主総会の議事録　　p.64 ～ 65

（12） 令和３年前半分／

　　　　給与所得の所得税徴収高計算書（納付書）p.72

（13） 令和３年５月31日の株主総会の議事録　　p.81

（14） 令和３年６月１日申請の登記申請書　　p.87 ～ 88

（15） 令和３年６月１日申請の登記すべき事項の別紙　　p.95

（16）令和3年6月1日提出の株主リスト　　p.104

（17）令和3年6月1日提出の印鑑届書　　p.106

（18）被保険者資格喪失届　　p.112

（19）解散のお知らせ　　p.117

（20）退職年月日の証明書　　p.125

（21）財産目録　　p.132 ～ 133

（22）貸借対照表（清算事務用）　p.134

（23）令和3年6月5日の株主総会の議事録　　p.139 ～ 141

（24）適用事業所全喪届　　p.152

（25）債務弁済許可申立書　　p.157 ～ 160

（26）別紙債権目録　　p.161

（27）解散について税務署へ提出した異動届出書　　p.168

（28）県税事務所へ提出した解散報告書　　p.170

（29）解散について市税事務所へ提出した

「法人の異動届出書」　　p.172

（30）未払金の明細書　　p.203 ～ 204

（31）配当等に係る源泉所得税の納付書（様式の概略）　p.212

（32）配当等とみなす金額に関する支払調書（様式の概略）　p.221

（33）配当等とみなす金額に関する

支払調書合計表（様式の概略）　p.222

（34）令和3年9月17日作成の決算報告　　p.226 ～ 227

（35）令和3年9月18日の株主総会の議事録　　p.233

（36）令和3年9月21日申請の登記申請書　　p.237 ～ 238

（37）令和3年9月21日申請の登記すべき事項の別紙　　p.240

（38）令和3年9月21日提出の株主リスト　　p.242

（39）県税事務所へ提出した清算結了報告書　　p.247

（40）清算結了について市税事務所へ提出した

　　　　　　　　　　　　「法人の異動届出書」　　p.249

（41）清算結了について税務署へ提出した異動届出書　　p.251

（42）令和3年後半分／

　　　　　給与所得の所得税徴収高計算書（納付書）　p.254

（43）給与支払事務所等の廃止届出書　　p.259

（44）印鑑および印鑑カードの廃止届書　　p.261

あとがき

[会社を清算する予定のある人へ]

　実施するべき作業を洗い出すための参照資料として、各作業について専門職に依頼するか自分で実施するかを検討するための材料として、また専門職に依頼するならどのように依頼するかを考えるための材料として、本書を参考文献のひとつに加えてもらえればと思います。

[会社を清算する予定のない人へ]

　会社を清算する予定がなくても、読み物として本書を楽しんでもらえればと思います。

2023年1月

（著者）Tomita Makoto

［ 著者略歴 ］
Tomita Makoto
1977年、愛知県立旭丘高等学校を卒業
1981年、富山大学理学部物理学科を卒業
1984年10月〜1985年1月、名城大学法学部で聴講生

自分で会社を清算しました
株式会社／有限会社の解散・清算に関する
手続きおよび書類の記載例

2023年6月8日　第1刷発行

著　者　Tomita Makoto
発行人　久保田貴幸
発行元　株式会社 幻冬舎メディアコンサルティング
　　　　〒151-0051　東京都渋谷区千駄ヶ谷4-9-7
　　　　電話　03-5411-6440（編集）
発売元　株式会社 幻冬舎
　　　　〒151-0051　東京都渋谷区千駄ヶ谷4-9-7
　　　　電話　03-5411-6222（営業）

印刷・製本　中央精版印刷株式会社
装　丁　　　加藤綾羽

検印廃止
©MAKOTO TOMITA, GENTOSHA MEDIA CONSULTING 2023
Printed in Japan
ISBN 978-4-344-94438-1 C0034
幻冬舎メディアコンサルティングＨＰ
https://www.gentosha-mc.com/

※落丁本、乱丁本は購入書店を明記のうえ、小社宛にお送りください。
送料小社負担にてお取替えいたします。
※本書の一部あるいは全部を、著作者の承諾を得ずに無断で複写・複製
することは禁じられています。
定価はカバーに表示してあります。